MARCUS TULLIUS CICERO

Über die Rechtlichkeit
(De legibus)

ÜBERSETZUNG, ANMERKUNGEN
UND NACHWORT
VON KARL BÜCHNER

PHILIPP RECLAM JUN. STUTTGART

Universal-Bibliothek Nr. 8319 [2]

Gesetzt in Borgis Garamond-Antiqua. Printed in Germany 1977
Herstellung: Reclam Stuttgart
ISBN 3-15-008319-2

ERSTES BUCH

Gesprächsteilnehmer: Titus Pomponius Atticus, Quintus Cicero und Marcus Tullius Cicero

(1) *Atticus:* Man erkennt das Wäldchen dort und die Eiche der Arpinaten wieder, deren Beschreibung ich oft im »Marius« gelesen habe. Wenn nämlich jene Eiche dauert, ist es gewiß diese hier – ist sie doch ziemlich alt.

Quintus: Gewiß dauert sie, Atticus, und wird immer dauern: sie ist nämlich vom Geist gestiftet. Durch keines Bauern Bestellung aber kann ein so lange dauerndes Reis gepflanzt werden wie durch den Vers des Dichters.

Atticus: Auf welche Weise denn, Quintus? Und wie beschaffen ist das, was die Dichter stiften? Mir scheint, du stimmst für dich selber, indem du den Bruder lobst.

(2) *Quintus:* Du magst recht haben; aber solange lateinische Schriftwerke sprechen, wird diesem Platze keine Eiche fehlen, die man die Eiche des Marius nennt, und sie wird, wie Scaevola über den »Marius« meines Bruders sagt,

langsam grau werden erst viele Geschlechter hernach,

es müßte denn sein, daß dein geliebtes Athen immerdauernd den Ölbaum auf der Burg halten konnte und daß man heute dieselbe Palme zeigt, die der homerische Odysseus in Delos schlank und zart gesehen zu haben behauptet; und vieles andere erhält sich an vielen

Orten länger durch Erzählung, als es von Natur bestehen konnte. Darum soll jene eicheltragende Eiche, aus der einst entflog

Iuppiters brauner Bot', wunderbar schöner Gestalt,

jetzt diese hier sein. Wenn sie aber Sturm oder Alter vernichtet haben, wird es hier in der Gegend doch eine Eiche geben, die man die Marius-Eiche nennt.

(3) *Atticus:* Daran zweifle ich nicht. Folgendes aber frage ich schon nicht dich, sondern den Dichter selber, ob nämlich deine Verse diese Eiche gestiftet haben oder ob du vernommen hast, daß so mit Marius geschehen, wie du dichtest.

Marcus: Ich werde dir gewiß antworten, aber nicht eher, als bis du mir selber, Atticus, geantwortet hast, ob gewißlich Romulus nicht weit von deinem Hause entfernt nach seinem Hinscheiden einherschreitend dem Iulius Proculus verkündet hat, er sei ein Gott und heiße Quirinus, und ihm an dieser Stelle einen Tempel zu weihen empfohlen hat, und ob es wahr ist, daß in Athen ebenfalls nicht weit von deinem alten Haus der Aquilo die Oreithyia entführt hat; so nämlich ist es überliefert.

(4) *Atticus:* Wo zielt das am Ende hin, und warum fragst du danach?

Marcus: Aus keinem andern Grunde, als damit du nicht allzu sorgfältig die Dinge untersuchst, die auf diese Weise dem Gedächtnis übergeben sind.

Atticus: Aber doch fragt man nach vielem im »Marius«, ob es erdichtet oder wahr ist, und manche fordern von dir Wahrheit, weil du dich mit jüngster Vergangenheit und einem Arpinaten beschäftigst.

Marcus: Beim Hercules, auch ich möchte nicht als Lügner gelten, aber dennoch handeln diese deine »manche«, mein Titus, unerfahren, da sie bei diesem Versuch nicht wie von einem Dichter, sondern einem Zeugen Wahrhaftigkeit fordern, und ich zweifle nicht, daß diese Leute auch glauben, daß Numa sich mit Egeria unterhalten und der Adler dem Tarquinius den Apex aufgesetzt hat.

(5) *Quintus:* Ich verstehe: du glaubst, daß man in der Geschichtsschreibung andere Gesetze beobachten müsse, Bruder, andere in der Dichtung.

Marcus: Ja, da in ersterer alles auf die Wahrheit bezogen wird, Quintus, in letzterer das meiste auf die Erbauung. Freilich ebenso bei Herodot, dem Vater der Geschichtsschreibung, wie bei Theopomp gibt es unzählige Märchen.

Atticus: Jetzt habe ich die Gelegenheit, die ich wünschte, und werde sie nicht vorbeigehen lassen.

Marcus: Welche denn, Titus?

Atticus: Gewünscht wird von dir schon lange, oder besser gefordert, eine Geschichtsdarstellung. Denn so meint man: Wenn du sie in die Hand nimmst, könne erreicht werden, daß wir auch in dieser Gattung Griechenland nichts nachgeben. Und damit du auch hörst, was ich persönlich darüber denke, so scheinst du mir nicht nur dem Streben derer, die sich an deinen Schriften erfreuen, sondern auch dem Vaterland diese Leistung schuldig zu sein, damit dieses, das durch dich gerettet ist, auch durch dich verherrlicht wird. Es fehlt nämlich die Geschichtsdarstellung in unserer Literatur, wie ich selbst erkenne und wie ich oft von dir höre. Du aber bist wirklich fähig, in ihr Genügendes zu leisten, da, wie dir jedenfalls scheint, dieses Werk in allerhöchstem Grade ein Werk der Beredtheit ist. (6) Deshalb mach dich daran, bitten wir, und nimm dir die Zeit zu dieser Aufgabe, die von unseren Landsleuten entweder noch nicht erkannt oder beiseite gelassen worden ist. Denn wenn du nach den Jahrbüchern der Oberpriester, dem Dürftigsten, was es geben kann, zu Fabius oder zu dem, den du immer im Munde führst, zu Cato, oder zu Piso oder zu Fannius oder zu Vennonius kommst, mag von diesen auch der eine mehr Sprachkraft haben als der andere, was ist aber doch so schwach wie diese alle? Verbunden der Zeit des Fannius, hatte Coelius Antipater einen etwas mitreißenderen Atem, und er hatte Kraft, bäurische zwar und rauhe, ohne Glanz und Schule, aber er hätte die übrigen mahnen können, sorgfältiger zu schreiben. Doch sieh da: es rücken ihm nach Gellius, Clodius, Asellio, keineswegs nach dem Vorbild des Coelius, sondern eher nach dem der Mattigkeit und Unwissenheit der Alten. (7) Denn was soll ich Macer aufzählen? Dessen Geschwätzigkeit hat ein bißchen Witz, freilich nicht aus jener gebildeten Fülle der Griechen, sondern aus den lateinischen Skribenten; in seinen Reden findet sich vieles, aber albernes Pathos, schlimmste Unverschämtheit. Sein Freund Sisenna hat alle unsere Geschichtsschreiber bis jetzt – es müßte denn sein, daß vielleicht welche noch nicht veröffentlicht haben, über die wir nicht urteilen können – mit Leichtigkeit übertroffen. Er wurde jedoch niemals als Redner zu eurer Zahl gerechnet, und in der Geschichtsschreibung verfolgt er etwas Kindisches, daß es den Anschein hat, er habe nur den einen Klitarch und keinen weiter gelesen, wolle aber den freilich ganz nachahmen – könnte er den erreichen, wäre er doch weit vom Besten entfernt. Darum ist dies deine Aufgabe – wenn Quintus nicht eine andere Meinung hat.

(8) *Quintus:* Keineswegs, und wir haben uns oft darüber unterhalten; aber es besteht zwischen uns eine kleine Meinungsverschiedenheit.

Atticus: Welche denn?

Quintus: Von welcher Zeit an man den Anfang der Darstellung nehmen sollte. Ich nämlich meine, von der frühesten, da diese so dargestellt ist, daß man sie nicht einmal liest, er aber bittet sich die zeitgenössische Erinnerung aus, um das zu erfassen, woran er selbst beteiligt war.

Atticus: Ich stimme ihm eher zu. Es liegen nämlich die bedeutendsten Ereignisse in dem zeitgenössischen Gedächtnis und unserem Zeitalter; weiter aber wird er die Ruhmestaten des ihm besonders befreundeten Mannes, des Cn. Pompeius, verherrlichen, er wird auf das berühmte und denkwürdige eigene Jahr kommen: das möchte ich von ihm lieber gepriesen sehen als, wie man sagt, Märchen über Remus und Romulus.

Marcus: Ich weiß, daß diese Arbeit von mir schon lange gefordert wird, Atticus. Ich würde sie nicht ablehnen, wenn mir irgendwelche unbeschäftigte und freie Zeit zugewiesen würde. Denn eine so bedeutende Sache kann nicht bei ausgefüllter Tätigkeit und behindertem Gemüt übernommen werden; beides ist nötig: frei zu sein von Sorgen und Geschäften.

(9) *Atticus:* Wie? Für das andere, das du geschrieben hast, mehr als irgendeiner von unseren Römern, was für freie Zeit war dir denn da gewährt?

Marcus: Es kommen gewisse Zeitabschnitte vor, die ich nicht verlorengehen lasse, so daß, wenn irgendwelche Tage zum Landaufenthalt zur Verfügung stehen, an ihre Zahl angepaßt wird, was wir schreiben. Eine Geschichte aber kann nicht begonnen werden, wenn nicht in Muße vorbereitet, und wird nicht in kurzer Zeit vollendet; und ich pflege unruhig gespannt zu sein, wenn ich anderswohin gezogen werde, habe ich einmal etwas begonnen, und wirke nicht so leicht Unterbrochenes weiter, wie ich Begonnenes fertigmache.

(10) *Atticus:* Deine Rede fordert zweifellos einen Sonderauftrag, oder irgendwelche freie und ruhige Untätigkeit dieser Art.

Marcus: Ich für meine Person vertraute vielmehr auf die Freizeit des Alters, zumal ich mich nicht weigern würde, nach Vätersitte auf dem Thron sitzend Rechtsbescheide zu erteilen und das dankbare und angesehene Amt eines nicht untätigen Alters auszuüben. Dann nämlich wäre es mir erlaubt, auf diese Sache, die du ersehnst, und viele fruchtbarere und bedeutendere Dinge so viel Mühe zu verwenden, wie ich wünschte.

(11) *Atticus:* Jedoch fürchte ich, daß deine Gründe niemand zur Kenntnis nimmt und du immer wirst reden müssen; und um so mehr, weil du dich selbst geändert hast, so daß, wie dein Freund Roscius im Alter die Rhythmen im Gesang gedämpft und selbst die Flöte verlangsamt hatte, so auch du von deiner Leidenschaft, die du in höchstem Maße anzuwenden pflegtest, täglich etwas nachläßt, derart, daß deine Rede schon nicht mehr viel von dem ruhigen Fluß der Philosophen entfernt ist. Da dies auch das höchste Alter offenbar aus-

halten kann, sehe ich, daß dir keine Ablösung von den Prozessen gewährt wird.

(12) *Quintus:* Aber beim Hercules, ich glaubte, es könne bei unserem Volke Beifall finden, wenn du dich zu Rechtsbescheiden zur Verfügung stellen würdest; deshalb meine ich, daß du dies probieren mußt, wenn es dir gefällt.

Marcus: Jedenfalls wenn im Probieren, Quintus, keine Gefahr läge. Aber ich fürchte, daß ich die Anstrengung vermehre, während ich sie vermindern möchte, und daß zu der Arbeit der Prozesse, an die ich stets vorbereitet und nach reiflichem Nachdenken herangehe, diese Deutung des Rechtes hinzukommt, die mir nicht so sehr wegen der Arbeit beschwerlich ist, als weil sie mir das Nachdenken über die Reden raubt, ohne das ich nie an irgendeinen größeren Rechtsfall heranzutreten gewagt habe.

(13) *Atticus:* Warum also legst du uns nicht eben dies in diesen Zeitabschnitten, wie du sie nennst, dar und schreibst über die Rechtsordnung des Gemeinwesens genauer als die andern? Denn ich denke daran, daß du von der frühesten Zeit deines Lebens dich um das Recht bemühtest, als ich auch selber zu Scaevola zu kommen pflegte, und nie schienst du mir dich so dem Reden ergeben zu haben, daß du das Recht des Gemeinwesens geringschätztest.

Marcus: Zu einem langen Gespräch rufst du mich auf, Atticus. Ich will es aber doch auf mich nehmen, wenn Quintus nicht lieber will, wir sollten etwas anderes treiben, und da wir ja freie Zeit haben, will ich sprechen.

Quintus: Ich aber gern hören. Was könnte ich denn

eher tun und womit könnte ich besser diesen Tag verbringen?

(14) *Marcus:* Warum ziehen wir also nicht zu unseren Wandelgängen und Ruhesitzen? Wenn man dort genug herumspaziert ist, werden wir ruhen, und es wird uns wahrlich Erbauung nicht fehlen, wenn wir eins nach dem andern untersuchen.

Atticus: Gewiß, und hier am Liris, wenn es recht ist, am Ufer und im Schatten. Aber beginne nun, bitte, darzulegen, was du über das Recht des Gemeinwesens meinst.

Marcus: Ich? Daß es sehr bedeutende Männer in unserem Staate gewesen sind, die es sich zur Tätigkeit machten, es dem Volke zu deuten und Bescheide zu geben, daß sie aber Großes zwar ankündigten, sich aber mit kleinen Dingen beschäftigten. Was gibt es denn so Großes wie das Recht eines Staates? Was aber ist so gering wie die Tätigkeit derer, die man um Rat fragt? Freilich ist sie für das Volk notwendig. Ich glaube nun nicht, daß die, welche diesem Amte oblagen, des umfassenden Rechtes unkundig gewesen sind, aber sie übten dieses Recht der Bürger, wie sie es nannten, so weit aus, wie sie es dem Volke darbieten wollten; das aber ist in der Erkenntnis unbedeutend, im Gebrauch notwendig. Wozu rufst du mich darum auf, und wozu regst du mich an? Daß ich Büchlein herstelle über das Recht der Dachtraufen und der Hauswände? Oder daß ich Rechtsformeln verfasse über Verträge und Prozeßverfahren? Das alles ist von vielen sorgfältig aufgezeichnet worden und ist von geringerem Rang als das, was von euch erwartet wird, wie ich meine.

(15) *Atticus:* Wenn du mich fragst, was ich erwarte,

so scheint es folgerichtig zu sein, da du ja über den besten Zustand des Gemeinwesens geschrieben hast, daß du auch über die Gesetze schreibst: so hat es, sehe ich, auch dein geliebter Plato gemacht, den du bewunderst, den du allen voranstellst, den du am höchsten schätzt.

Marcus: Willst du also, wir sollten, wie er mit dem Kreter Klinias und dem Spartaner Megillus an einem Sommertag, so beschreibt er es, in den Zypressenhainen von Knossos und auf Waldpfaden, häufig stehenbleibend, bisweilen ausruhend, über die Einrichtungen des Gemeinwesens und über die besten Gesetze diskutierte, genauso zwischen diesen so schlanken Pappeln auf dem grünen und schattigen Ufer umherwandelnd, dann aber, uns niederlassend, über dieselben Gegenstände etwas Gedankenreicheres untersuchen, als es die Bedürfnisse des Forum verlangen?

(16) *Atticus:* Ich jedenfalls bin begierig, dies zu hören.

Marcus: Was sagt Quintus?

Quintus: Über kein Thema lieber.

Marcus: Und ganz richtig so; denn so seid überzeugt, daß in keiner anderen Art der Erörterung die Gesittung aufgedeckt wird: was der Mensch von der Natur zugewiesen erhielt, eine wie gewaltige Macht an besten Dingen der menschliche Sinn umschlossen hält, welche Aufgabe zu betreuen und zu erfüllen wir geboren und ins Licht entsandt wurden, was die Verbindung der Menschen ist, was die natürliche Vergesellschaftung unter ihnen selbst. Erst wenn diese Dinge entwickelt sind, läßt sich die Quelle der Gesetze und des Rechts finden.

(17) *Atticus:* Also nicht aus dem Edikt des Prätors, wie die meisten jetzt, und nicht aus den Zwölf Tafeln, wie die früheren, sondern tief aus dem Innersten der Philosophie müsse, glaubst du, das Rechtswissen geschöpft werden?

Marcus: Ja; denn nicht dies suchen wir in diesem Gespräch, Pomponius, wie wir uns im Recht vorsehen oder was wir über jede Befragung für Bescheid geben. Sei diese Sache bedeutend, wie sie es ist, die einst von vielen bekannten Männern, jetzt von einem einzigen von höchstem Ansehen und höchstem Wissen vertreten wird; wir aber müssen in dieser Erörterung so den ganzen Zusammenhang des umfassenden Rechtes und der Gesetze umgreifen, daß dieses staatliche, wie wir es nennen, in einen kleinen engen Raum des Wesens eingeschlossen wird: das Wesen des Rechtes nämlich ist zu entfalten, und dies ist vom Wesen des Menschen abzuleiten; zu betrachten sind die Gesetze, mit denen die Staaten gelenkt werden müssen; dann erst ist zu behandeln, was die verfaßten und aufgeschriebenen Rechte und Geheiße der Völker sind, unter denen auch unseres Volkes so benannte staatlichen Rechte nicht verborgen bleiben werden.

(18) *Quintus:* Aus der Tiefe und, wie es nötig ist, aus der Quelle, Bruder, greifst du auf, was wir suchen, und diejenigen, die auf andere Weise das Recht der Gemeinschaft überliefern, überliefern nicht so sehr Wege der Gerechtigkeit als vielmehr des Zankens.

Marcus: So ist es nicht, Quintus, und eher ist die Unkenntnis des Rechts zänkisch als seine Kenntnis. Doch darüber später: jetzt wollen wir die Grundlagen des Rechts anschauen.

Nun, den beschlagensten Männern gefiel es, vom Gesetz auszugehen, vielleicht richtig, wofern, wie dieselben bestimmen, Gesetz die höchste Vernunft ist, innewohnend der Natur, die befiehlt, was zu tun ist, und das Gegenteil hindert. Dieselbe Vernunft ist Gesetz, wenn sie im Geist des Menschen erstarkt und ausgereift ist. (19) Darum meinen sie auch, die Klugheit sei das Gesetz, deren Kraft darin bestehe, daß sie befehle, recht zu handeln, verbiete, sich zu vergehen, und diese Sache, glauben jene, sei mit griechischem Namen nach dem ›Jedem-das-Seine-Geben‹ geheißen worden, mit unserem nach dem Auswählen, wie ich meine. Denn wie jene die Bedeutung der Gleichheit, so legen wir die der Auswahl in das Gesetz, eigentümlich jedoch ist beides dem Gesetz. Wenn man aber so richtig sagt, wie es mir jedenfalls meistens zu scheinen pflegt, ist vom Gesetz der Anfang des Rechtes herzuleiten. Dieses ist nämlich die Kraft des Wesens, dies Sinn und Vernunft des Weisen, dies Richtschnur von Recht und Unrecht. Da aber unsere ganze Rede sich im Raum des gesunden Menschenverstandes bewegt, wird es sich nicht vermeiden lassen, bisweilen volkstümlich zu sprechen und das ein Gesetz zu nennen, das geschrieben festsetzt, was es will, entweder durch Geheiß oder Verbot, wie es die Menge nennt. Den Anfang aber der Begründung des Rechts wollen wir von jenem höchsten Gesetz nehmen, das allezeit vorher entstanden ist, ehe irgendein Gesetz geschrieben oder überhaupt ein Staat gegründet worden ist.

(20) *Quintus:* Angemessener so und weiser in Hinsicht auf das begonnene Gespräch.

Marcus: Willst du also, daß wir den Ursprung des

Rechtes an sich von der Quelle herleiten? Ist diese gefunden, wird kein Zweifel bestehen, worauf das zu beziehen ist, was wir suchen.

Quintus: Ich jedenfalls bin wahrlich der Ansicht, daß man so vorgehen soll.

Atticus: Auch mich reihe der Ansicht deines Bruders zu.

Marcus: Da wir ja also nun den Zustand des Gemeinwesens, das Scipio in den bekannten sechs Büchern als das beste aufgewiesen hat, einhalten und bewahren, alle Gesetze an diese Art des Staates anpassen, auch Gewohnheiten und Sitten stiften, aber nicht alles durch Schriften festsetzen müssen, werde ich die Wurzel des Rechts von der Natur holen – unter ihrer Führung müssen wir die ganze Erörterung entfalten.

Atticus: Ganz richtig, und unter ihrer Führung kann man auf keine Weise in die Irre gehen.

(21) *Marcus:* Gibst du uns nun das zu, Pomponius – denn Quintus' Ansicht kenne ich –, daß die ganze Natur durch der unsterblichen Götter Gewalt, Natur, Vernunft, Macht, Sinn, Willen – oder wenn es noch ein anderes Wort gibt, womit ich deutlicher bezeichnen könnte, was ich will – gelenkt wird? Denn wenn du dem nicht beipflichtest, müssen wir den Prozeß am besten damit beginnen.

Atticus: Ich gebe es natürlich zu, wenn du es verlangst; denn wegen dieser Symphonie der Vögel und wegen des Rauschens der Flüsse fürchte ich nicht, einer meiner Mitschüler könne es hören.

Marcus: Aber man muß sich vorsehen; sie pflegen nämlich, eine Eigenschaft rechter Männer, gewaltig in Zorn zu geraten, werden es aber nicht ertragen, wenn sie hören, daß du den ersten Satz des Vortrefflichsten der Männer verraten hast, in dem er geschrieben hat, daß Gott sich weder um etwas Eigenes noch Fremdes Sorgen macht.

(22) *Atticus:* Fahre bitte fort. Denn ich bin gespannt, wohin zielt, was ich dir eingeräumt habe.

Marcus: Ich will es nicht hinauszögern. Es bezieht sich darauf: Dies vorausschauende, findige, vielschichtige, scharfsinnige, sich erinnernde, vernunft- und planerfüllte Lebewesen, das wir Mensch nennen, ist vom höchsten Gott unter einer ausgezeichneten Bedingung erzeugt worden. Allein nämlich ist es unter so vielen Arten und Naturen von belebten Wesen der Vernunft und des Denkens teilhaftig, während alle übrigen nicht daran teilhaben. Was ist aber, ich will nicht sagen im Menschen, sondern überhaupt im Himmel und auf Erden, göttlicher als die Vernunft? Wenn sie herangereift ist und ihre vollkommene Ausbildung erreicht hat, wird sie mit Fug Weisheit genannt. (23) So ist also, da es nichts Besseres gibt als die Vernunft und diese sowohl im Menschen wie in Gott ist, zuerst dem Menschen mit Gott Teilhaberschaft an der Vernunft. Zwischen wem aber Vernunft, zwischen denen ist auch die richtige Vernunft gemeinsam. Da diese das Gesetz ist, sind die Menschen mit den Göttern auch durch das Gesetz vereinigt, muß man glauben. Zwischen wem weiter Teilhabe am Gesetz, zwischen denen waltet auch Teilhabe am Recht. Wem aber das alles untereinander gemeinsam ist, die sind zu demselben Staat zu rechnen. Wenn sie vollends denselben Befehlen und Amtsgewalten gehorchen, noch viel mehr. Sie gehorchen aber dieser Himmelsordnung, dem göttlichen Sinn und dem allmächtigen Gott, so daß jetzt diese gesamte Welt als ein gemeinsamer Staat von Göttern und Menschen anzusehen ist. Und wenn in den Staaten in bestimmter Weise, über die an geeigneter Stelle gesprochen werden wird, der Stand sich unterscheidet durch Zugehörigkeit zu den Familien, so ist das im Wesen der Dinge um so viel prächtiger und schöner, daß die Menschen in der Verwandtschaft und Stammeszugehörigkeit zu den Göttern gehalten sind.

(24) Denn wenn nach dem Wesen des Menschen gefragt wird, pflegt dargelegt zu werden – und zweifellos ist es so, wie man es darlegt –, daß bei den beständigen Abläufen und Umdrehungen des Kosmos einmal ein Zeitpunkt herangereift sei zur Erzeugung des Menschengeschlechtes. Das, verstreut und in das Land gesät, sei um das göttliche Geschenk der Seelen bereichert worden. Und während die Menschen anderes, woraus sie bestünden und was gebrechlich und hinfällig wäre, aus sterblicher Art genommen hätten, sei die Seele von Gott eingepflanzt worden. Aus diesem Grund kann wahrhaftig von Verwandtschaft zwischen uns und den Himmlischen oder unserer Herkunft oder Abstammung von ihnen gesprochen werden. Daher gibt es kein Lebewesen unter so viel Arten außer dem Menschen, das irgendeinen Begriff von Gott hat, und unter den Menschen selbst ist kein Stamm so wild oder zahm, der nicht wüßte, daß man einen Gott haben müsse, selbst wenn er in Unkenntnis lebt, was für einen Gott zu haben sich ziemt. (25) Daraus schließt man dies, daß derjenige Gott erkennt, der sich sozusagen erinnert, woher er stammt. Wesensvollendung gar ist dieselbe in Mensch und Gott, und in keiner anderen

Art; es ist aber Wesensvollendung nichts anderes als die völlig ausgebildete und zum höchsten Ende geführte Natur. Zwischen Mensch und Gott besteht also Wesensähnlichkeit. Da dies so ist, ist zu fragen, welche Verwandtschaft denn enger oder bestimmter sein kann. Daher hat die Natur zu Bequemlichkeit und Gebrauch der Menschen eine solche Fülle gespendet, daß das, was entsteht, uns mit Absicht geschenkt, nicht zufällig entstanden zu sein scheint, und zwar nicht nur das, was mit Feldfrucht und Beeren aus der Fruchtbarkeit der Erde sich ergießt, sondern auch die Haustiere, die offensichtlich teils zum Gebrauch des Menschen, teils zu ihrer Ausnutzung, teils zum Verzehr geschaffen sind. (26) Kunstfertigkeiten gar wurden unzählige entdeckt, dank der Lehrmeisterin Natur. Die Vernunft ahmte sie nach und erlangte so geschickt die zum Leben notwendigen Dinge.

Den Menschen selber aber hat dieselbe Natur nicht nur mit der Schnelligkeit des Geistes geziert, sondern hat ihm auch die Sinne als eine Art Begleiter und Boten beigelegt, hat von sehr vielen Dingen dunkle und nicht recht entwickelte Vorstellungen angelegt, gleichsam bestimmte Grundlagen des Wissens, und hat ihm eine Körpergestalt gegeben, die handlich und passend für den menschlichen Geist ist. Denn während sie die übrigen Lebewesen aufs Futter niedergewiesen hatte, hat sie allein den Menschen aufgerichtet und zur Ansicht des Himmels als der Verwandtschaft und der einstigen Heimat angestachelt, dann hat sie den Anblick des Antlitzes so geformt, daß sie in ihm tief verborgene sittliche Anlagen zur Ausformung brachte. (27) Denn die Augen sprechen beredt, wie wir innerlich gestimmt sind, und was man Ausdruck nennt, etwas, das in keinem Lebewesen außer dem Menschen sein kann, zeigt die Gesittung an. Seine Bedeutung kennen zwar die Griechen, aber einen Namen haben sie überhaupt nicht dafür. Ich übergehe die Vorteile und Geschicklichkeiten des übrigen Körpers, den Ausdruck der Stimme, die Gewalt der Rede, die am meisten die Vermittlerin menschlicher Gesellschaft ist. Denn nicht alles gehört zu dieser Erörterung und zu dieser Stunde, und Scipio hat diese Gedanken zur Genüge, wie mir scheint, in den Büchern, die ihr gelesen habt, zum Ausdruck gebracht.

Jetzt, da ja Gott den Menschen, weil er der Ausgangspunkt der übrigen Dinge nach seinem Willen sein sollte, geschaffen und ausgestattet hat, wird das, um nicht alles zu erörtern, einsichtig, daß die Natur selber von sich aus weiter voranschreitet. Auch ohne daß jemand unterweist, ausgehend von den Dingen, deren Arten sie aus der ersten und anfänglichen Kenntnis weiß, festigt sie selber durch sich die Vernunft und führt sie zu Ende.

(28) *Atticus:* Ihr unsterblichen Götter, wie weit her holst du die Ausgangspunkte des Rechts! Und so, daß ich zu dem nicht nur nicht dränge, was ich von dir über das Recht des Gemeinwesens erwartete, sondern leicht ertrage, daß du diesen Tag auch ganz mit diesem Gespräch aufbrauchst. Es ist nämlich dies, was du vielleicht anderer Dinge wegen umgreifst, größer als eben jenes, deretwegen dies vorbereitet wird.

Marcus: Es ist dies zwar groß, was jetzt kurz angerührt wird. Aber nichts von allem, was in den Erörterungen der gelehrten Männer behandelt wird, ist wahrlich vorzüglicher, als daß klar eingesehen wird, daß wir zur Gerechtigkeit geboren sind und daß das Recht nicht durch bloße Vorstellung, sondern durch die Natur begründet ist. Das wird sogleich offenliegen, wenn du die Vergesellschaftung und die Verbindung der Menschen unter sich durchschaut hast. (29) Nichts ist nämlich einem einzelnen so ähnlich, so gleich, wie wir alle untereinander sind. Wenn aber die Verbiegung durch Gewohnheiten, wenn nichtige Einbildungen die verletzlichen Seelen nicht verdrehten und hinwendeten, wohin immer sie wollen, wäre niemand sich selbst so ähnlich wie alle allen. Daher gilt eine einzige Definition, wie immer man sie vom Menschen gibt, für alle. (30) Das ist genügend Beweis, daß es keine Verschiedenheit in der Gattung gibt. Gäbe es eine, könnte nicht eine Definition alle umfassen. Denn die Vernunft, durch die allein wir über die Tiere hinausragen, mittels derer wir durch Vermutung stark sind, begründen, widerlegen, erläutern, etwas erschließen, folgern, ist sicherlich gemeinsam, in der Gelehrsamkeit sich unterscheidend, in der Fähigkeit zum Lernen gleich. Denn von den Sinneswerkzeugen aller wird dasselbe erfaßt, und das, was die Sinne bewegt, bewegt in gleicher Weise die Sinne aller; und die angelegten Begriffe, die in die Seelen eingeprägt werden, von denen ich vorher gesprochen habe, prägen sich allen in ähnlicher Weise ein, und die Dolmetscherin des Geistes, die Rede, unterscheidet sich in den Wörtern, während sie in dem Gemeinten übereinstimmt. Und es gibt keinen in irgendeinem Stamm, der nicht zur Vollendung gelangen könnte, hat er einen Führer erlangt.

(31) Aber nicht nur im Richtigen, sondern auch in den Verkehrtheiten ist die Ähnlichkeit des mensch-

lichen Geschlechtes auffallend. Denn alle lassen sich von der Lust gewinnen. Wenn sie auch eine Verlockung zur Schändlichkeit ist, hat sie doch eine gewisse Ähnlichkeit mit einem natürlichen Gut; sie erfreut nämlich durch Erleichterung und Annehmlichkeit. So wird aus einem Irrtum des Geistes sozusagen etwas Heilsames gewonnen, und aus einer ähnlichen Unwissenheit flieht man vor dem Tode als der Auflösung der Natur, man erstrebt das Leben, weil es uns in dem, worin wir geboren sind, zusammenhält, der Schmerz wird unter die größten Übel gerechnet, sowohl wegen seiner Schärfe, dann vor allem, weil ihm die Vernichtung der Natur zu folgen scheint; (32) und wegen der Ähnlichkeit zwischen dem Glanz der Sittlichkeit und dem Ruhm scheinen glückselig die, welche geehrt sind, kläglich aber, die unberühmt sind. Bekümmernisse, Freuden, Begierden und Ängste durchziehen in ähnlicher Weise aller Sinn, und wenn bei den einen die, bei anderen andere Einbildungen herrschen, werden die, welche Hund und Katze wie Götter verehren, doch von demselben Aberglauben wie die übrigen Völker geplagt. Welches Volk auf der andern Seite liebt nicht Freundlichkeit, nicht Güte, nicht dankbaren und der Wohltat eingedenken Sinn? Welches Volk weist nicht ab, haßt nicht die Überheblichen, welches nicht die Übeltäter, welches nicht die Grausamen, welches nicht die Undankbaren? Da aus diesen Dingen erkannt wird, daß das ganze Geschlecht der Menschen unter sich vergesellschaftet ist, ist dies die schließliche Erkenntnis, ⟨daß die Menschen der Philosophie bedürfen,⟩ weil die Lehre vom rechten Leben sie besser macht. Wenn ihr dem zustimmt, werde ich weitergehen zum übrigen;

wenn ihr aber etwas vermißt, wollen wir das vorher auseinandersetzen.

Atticus: Nichts, um für beide zu antworten.

(33) *Marcus:* Es folgt also, daß wir von Natur so geschaffen sind, daß man gegenseitig am Recht teilhat und es unter allen mitteilt. Und in dieser ganzen Darlegung möchte ich es so verstanden wissen: Wenn ich sage Natur, ⟨dann meine ich, daß die Anlage gut ist,⟩ daß aber die Verderbnis durch schlechte Gewohnheit so groß ist, daß von ihr die Funken gleichsam, die von der Natur gegeben sind, ausgelöscht werden, und entstehen und bestärkt werden die entgegengesetzten Laster. Wenn aber, so wie ihre Natur ist, die Menschen auch mit eigenem Urteil nichts Menschliches, wie der Dichter sagt, als ihnen fremd betrachteten, würde Recht in gleicher Weise von allen geübt. Wem nämlich Vernunft von der Natur gegeben wurde, dem ist auch richtige Vernunft gegeben; also auch Gesetz, welches die richtige Vernunft im Befehlen und Verbieten ist. Wem Gesetz, auch Recht. Allen aber ist Vernunft gegeben: also ist allen Recht gegeben. Und es war richtig, daß Sokrates den zu verdammen pflegte, der zuerst den Nutzen vom Recht getrennt hätte: das nämlich, so klagte er, sei die Quelle aller Katastrophen. Woher rührt denn der bekannte pythagoreische Ausspruch?

Lücke: Topos über die Freundschaft.

(34) Daraus läßt sich erkennen: Wenn der Weise dieses Wohlwollen, das so weit und breit sich erstreckt, auf einen Menschen, der mit gleicher Vollendung begabt ist, wendet, dann wird das bewirkt, was manchen unglaublich scheint, aber unausweichlich ist, daß er sich um nichts mehr liebt als den andern. Was kann sich

denn unterscheiden, wenn alles gleich ist? Wenn aber ein noch so geringer Unterschied in der Freundschaft bestehen kann, dürfte es mit dem Begriff der Freundschaft aus sein, dessen Bedeutung so ist, daß sie nicht mehr existiert, sobald der eine für sich etwas lieber will als für den andern.

Das wird alles vorher gesichert für das übrige Gespräch und unsere Erörterung, damit um so leichter eingesehen werden kann, daß das Recht in der Natur ruht. Wenn ich darüber ganz wenig noch gesagt habe, dann werde ich zum Recht des Gemeinwesens kommen, von dem diese ganze Rede ausging.

Quintus: Sicher natürlich nur noch sehr wenig. Aus dem nämlich, was du gesagt hast, scheint, wenn nicht dem Atticus, so doch mir wenigstens gewiß das Recht aus der Natur entstanden zu sein.

(35) *Atticus:* Könnte es mir etwa anders erscheinen, da dies schon ausgeführt ist, erstens, daß wir wie durch Geschenke der Götter ausgerüstet und ausgestattet sind, zweitens, daß es eine gleiche und gemeinsame Art des Lebens der Menschen untereinander gibt, drittens, daß alle unter sich durch eine Art natürlicher Zuneigung und natürlichen Wohlwollens, dann auch durch die Teilhaberschaft am Recht zusammengehalten werden? Wenn wir richtig zugestanden haben, daß dies wahr ist, wie ich denke, wie dürfen wir da noch Gesetze und Rechte von der Natur trennen?

(36) *Marcus:* Recht gesprochen, und die Sache verhält sich so. Aber nach Art der Philosophen, zwar nicht der berühmten alten, sondern derer, die sozusagen Werkstätten der Weisheit eingerichtet haben, wird das, was einstmals ungeschieden und frei erörtert

wurde, jetzt nach Gliedern zerlegt vorgetragen. Denn sie meinen, diesem Gedankenzusammenhang, den wir jetzt in Arbeit haben, könne nicht Genüge geschehen, wenn sie nicht eben das, daß das Recht von Natur sei, getrennt erörtern.

Atticus: Offenbar ist deine Freiheit im Erörtern verlorengegangen, und du bist einer, der in der Diskussion nicht seinem eigenen Urteil folgt, sondern der Autorität anderer gehorcht!

(37) *Marcus:* Nicht immer, Titus, aber du siehst, was die Bahn dieses Gespräches ist: all unsere Rede geht auf die Festigung von Gemeinwesen und auf Gründung der Kräfte und die Heilung der Völker. Darum scheue ich mich, zuzulassen, daß die Grundlagen nicht gut überlegt und sorgfältig erforscht werden, freilich nicht so, daß sie bei allen Beifall fänden – denn das ist nicht möglich –, aber so, daß denen, die alles Rechte und Sittlich-Schöne an sich für erstrebenswert gehalten haben oder glaubten, daß überhaupt nichts zu den Gütern zu zählen sei, außer was an sich lobenswert wäre, oder wenigstens nichts für ein großes Gut anzusehen, außer was von sich aus wahrhaft gelobt werden könnte: (38) denen allen, sei es, daß sie in der alten Akademie mit Speusipp, Xenokrates und Polemon geblieben sind, sei es, daß sie dem Aristoteles und Theophrast, die mit den eben genannten in der Sache übereinstimmten, in der Art des Lehrens sich ein wenig unterschieden, folgten, sei es, daß sie, wie es Zenon richtig schien, ohne die Gedanken zu ändern, die Bezeichnungen vertauschten, sei es auch, daß sie der schwierigen und stolzen, aber doch schon gebrochenen und widerlegten Sekte des Ariston gefolgt sind, so daß sie mit Ausnahme der Tu-

genden und Laster alles andere auf eine ganz gleiche Stufe stellten: all denen soll das Gesagte einleuchten; (39) die aber, die gegen sich Nachsicht üben und dem Körper hörig sind und alles, was sie im Leben verfolgen und was sie vermeiden, nach Genuß und Schmerz abwägen, denen wollen wir auftragen, auch wenn sie Wahres sagen – ist doch hier kein Streit nötig –, in ihren Gärtchen zu sprechen, und sie bitten, sich von jeder Beteiligung am Gemeinwesen, von dem sie keinen Teil kennen und je kennen wollten, ein wenig davonzumachen. Die Störerin aber aller dieser Dinge, die Akademie, und zwar die neue von Arkesilaos und Karneades an, die wollen wir durch Bitten dahin bringen, zu schweigen. Denn wenn sie in diese Dinge hineinfährt, die recht klug von uns angelegt und aufgebaut scheinen, wird sie allzu schwere Einstürze bewirken. Diese möchte ich beschwichtigen, fortzuschieben wage ich sie nicht.

(40) ... denn auch bei denen sind wir ohne dessen Räucherwerk entsühnt. Aber für Verbrechen gegen die Menschen und Ruchlosigkeiten gegen die Götter gibt es keine Entsühnung. Daher büßen sie Strafen, nicht so sehr durch Richtspruch – die gab es einst nirgendwo, heute sind sie vielfach nicht vorhanden, wo es sie aber gibt, sind sie mehr als oft falsch –, aber die Rachegeister jagen und verfolgen sie, nicht mit brennenden Fackeln wie im Mythos, sondern mit Beklommenheit des Gewissens und den Martern des Trügens. Wenn aber die Menschen vom Unrechttun Strafe, nicht die Natur abhalten müßte, welche innere Unsicherheit würde dann die Frevler peinigen ohne Furcht vor Strafen? Von ihnen ist aber niemals einer so verwegen gewesen, daß

er nicht entweder abgestritten hätte, daß die Untat von ihm begangen worden sei, oder daß er nicht irgendeinen Grund eines gerechten eigenen Schmerzes erfunden und die Verteidigung der Tat von irgendeinem Rechte der Natur hergeholt hätte. Wenn die Frevler sich darauf zu berufen wagen, mit welcher Liebe werden diese Rechte erst von den Guten geachtet werden! Wenn dagegen Buße, wenn Furcht vor Strafe, nicht Schändlichkeit an sich von einem Leben in Unrecht und Untat abschreckt, ist niemand ungerecht, oder die Unvorsichtigen haben vielmehr als ruchlos zu gelten. (41) Zweitens aber sind wir, die wir uns nicht durch die Gesittung an sich bestimmen lassen, gute Männer zu sein, sondern durch irgendwelchen Nutzen und Gewinn, schlau, nicht gut. Denn was wird der Mensch im Dunklen tun, der nur den Zeugen und den Richter fürchtet? Was, wenn er in verlassener Gegend jemanden trifft, dem er viel Gold rauben kann, schwach und allein? Unser von Natur gerechter und guter Mann wird sich sogar unterhalten, wird ihn ermuntern, wird ihn auf die Straße geleiten. Der aber, der nichts um des Nächsten willen tut und alles nach seinen Vorteilen bemißt: nun, ihr seht schon, glaub ich, was er tun wird. Streitet er aber ab, daß er ihm das Leben nehmen oder das Gold rauben wird, wird er es nie aus dem Grunde abstreiten, weil er das seinem Wesen nach für schändlich hielte, sondern weil er fürchtet, daß etwas durchsickert, das heißt, daß er dafür gestraft wird. Wahrlich etwas, wert, daß dabei nicht nur die Gebildeten, sondern auch die Naturkinder erröten!

(42) Das vollends ist am allerdümmsten, zu glauben, alles sei gerecht, was in den Einrichtungen der Völker

und den Gesetzen beschlossen sei. Auch, wenn es irgendwelche Gesetze von Tyrannen sind? Wenn die bekannten Dreißig in Athen hätten Gesetze auferlegen wollen oder wenn alle Athener an tyrannischen Gesetzen ihre Freude hätten, würden diese etwa für gerechte Gesetze deswegen genommen werden? Ich glaube, ebensowenig wie das, welches unser Interrex eingebracht hat, daß der Diktator, wen er wolle von den Bürgern, ganz ohne Verteidigung ungestraft töten könne. Es gibt nämlich ein einziges Recht, durch das die Gemeinschaft der Menschen gebunden ist und das ein einziges Gesetz begründet, ein Gesetz, welches die richtige Vernunft im Befehlen und Verbieten ist. Wer dieses nicht kennt, der ist ungerecht, ob es irgendwo geschrieben ist oder nirgendwo. Wenn aber Gerechtigkeit Gehorsam gegenüber den geschriebenen Gesetzen und Einrichtungen der Völker bedeutet, und wenn, wie dieselben Leute sagen, alles nach der Brauchbarkeit zu messen ist, wird der die Gesetze nicht achten und sie brechen, wenn möglich, der meint, es werde ihm Gewinn bringen. So kommt es, daß überhaupt keine Gerechtigkeit ist, wenn sie nicht von Natur ist, und die, welche aus Nützlichkeit aufgestellt wird, durch diese Nützlichkeit wieder zerstört wird, (43) und daß, wenn die Natur das Recht nicht festigt, alle Tugenden aufgehoben werden. Wo wird nämlich Großzügigkeit, wo Liebe zum Vaterland, wo frommer Sinn, wo der Wille, sich um den Nächsten wohl verdient zu machen oder ihm zu danken, entstehen können? Denn dies entsteht daraus, daß wir von Natur geneigt sind, die Menschen zu lieben, was die Grundlage des Rechtes ist. Und nicht nur Willfährigkeit gegen die Menschen, sondern auch heilige Handlungen und Bedenken gegenüber den Göttern werden außer Kraft gesetzt werden: meine ich doch, sie seien nicht aus Furcht, sondern wegen der Verbindung, die zwischen Menschen und Gott besteht, einzuhalten. Wenn durch Geheiß der Völker, wenn durch Verordnungen der Fürsten, wenn durch Urteile der Richter Rechte begründet würden, wäre es Recht, Straßenraub zu begehen, Ehebruch zu treiben und falsche Testamente zu unterschieben, wenn das durch Abstimmungen und Beschlüsse der Masse gutgeheißen würde. (44) Wenn aber die Ansichten und Geheiße der Dummen so große Macht haben, daß durch ihre Stimmabgaben das Wesen der Dinge umgestürzt wird, warum machen sie dann keine Satzung, daß man, was böse und verderblich ist, für gut und heilsam halten solle? Oder warum könnte, wenn ein Gesetz Recht aus Verletzung machen kann, es nicht auch gut aus schlecht machen? Doch können wir ein gutes Gesetz von einem schlechten durch kein anderes Richtmaß als das der Natur trennen. Und nicht nur Recht und Unrecht wird durch die Natur unterschieden, sondern überhaupt alles Sittliche und Schändliche. Denn wie die Natur uns gemeinsame Vorstellungen entwickelt und sie in unseren Seelen angelegt hat, rechnen wir Gesittetes unter die Vollkommenheit, unter Fehler Schändliches. (45) Das aber in bloßer Einbildung, nicht im Wesen gegründet zu sehen, verrät einen Wahnsinnigen. Denn auch die Güte eines Baumes und eines Pferdes, wie man sie nennt – hier treiben wir Mißbrauch mit dem Wort –, ruht doch nicht in der Einbildung, sondern in der Natur. Ist das so, ist auch das Sittlich-Schöne und das Schändliche von Natur zu unterscheiden. Denn nach bloßer Meinung würde die Vollkommenheit, wenn in ihrer Einheit, auch in ihren Teilen gutgeheißen. Wer wollte nun einen Lebensklugen und sozusagen Gewitzten nicht aus seiner eigenen Haltung, sondern nach einer äußerlichen Sache beurteilen? Vollkommenes Gutsein ist nämlich vollkommene Vernunft, was sicher in der Natur liegt: also die Sittlichkeit im ganzen ebenso. Denn wie Wahres und Falsches, wie Folgerechtes und Widersprüchliches aus eigenem, nicht aus fremdem Ursprung beurteilt werden, so wird folgerichtige und ununterbrochene Sinnhaftigkeit des Lebens, was vollkommenes Gutsein ist, und ebenso Wankelmütigkeit, was Entartung ist, nach dem eigenen Wesen ⟨beurteilt. Oder wird der Bauer die Anlage eines Jungtieres nach seiner Natur⟩ beurteilen, wir die Anlagen der Jünglinge nicht ebenso? (46) Oder werden wir etwa die Anlagen nach der Natur, die Tugenden und Mängel, die aus den Anlagen entstehen, anders beurteilen? Oder werden wir sie nicht anders beurteilen, Sittliches und Schändliches aber wird nicht notwendig auf die Natur bezogen werden? Wenn, was lobenswert, gut ist, muß es notwendig in sich etwas haben, weswegen es gelobt wird; eben das Gute nämlich selber ist nicht auf Grund bloßer Meinungen, sondern auf Grund der Natur. Denn wenn es nicht so wäre, wäre man glücklich auch nach bloßer Meinung. Was läßt sich Dümmeres als dies sagen? Darum, da gut und schlecht auf Grund des Wesens beurteilt wird, und dies die Grundlagen des Wesens sind, sind sicherlich auch das Sittliche und das Schändliche auf ähnliche Weise zu scheiden und auf die Natur zu beziehen.

(47) Aber es bringt uns die Vielgestaltigkeit der

Meinungen und der Menschen Uneinigkeit in Verwirrung, und weil dasselbe nicht bei den Sinneswerkzeugen eintritt, halten wir diese für sicher; von jenem, das den einen so, anderen anders und denselben Leuten nicht immer auf die gleiche Weise erscheint, sagen wir, es sei bloß ausgedacht. Das verhält sich ganz anders: denn unsere Sinneswerkzeuge verderben kein Vater, keine Amme, kein Lehrer, kein Dichter, keine Bühne; keine Einigkeit der Masse zieht sie von der Wahrheit ab. Den Seelen werden alle Fallen gestellt, entweder von denen, die ich eben aufzählte, die sie vergiften und nach ihrem Willen verbiegen, wenn sie sie zart und unerfahren in die Hand bekommen haben, oder von ihr, die tief allen Sinnen verflochten innewohnt, nämlich die Vortäuscherin des Guten, die Lust, in Wirklichkeit die Mutter aller Übel; durch ihre Verlockungen verdorben, sehen sie das von Natur Gute nicht klar, weil es diese Süßigkeit und diesen Reiz nicht besitzt.

(48) Es folgt – um diese ganze Rede abzuschließen – das, was vor Augen liegt nach dem, was gesagt worden ist, daß das Recht und alles Sittliche von sich aus erstrebt werden muß. Denn alle guten Männer lieben die Gerechtigkeit an sich und das Recht an sich, es wäre aber nicht Art eines guten Mannes, in die Irre zu gehen und etwas zu lieben, was an sich nicht liebenswert ist: an sich muß das Recht geliebt und geehrt werden, wenn aber das Recht, auch die Gerechtigkeit; wenn aber diese, sind auch die übrigen Tugenden um ihrer selbst willen zu pflegen. Wie steht es mit der Großzügigkeit? Ist sie umsonst oder um Lohn? Wenn einer ohne Belohnung freigebig ist, ist sie umsonst; wenn um Lohn, gemietet. Es ist aber nicht zweifelhaft, daß derjenige,

der rechtens als großzügig und freigebig gilt, der Pflicht, nicht dem Gewinn nachgeht. Also erstrebt ebenso die Gerechtigkeit keinen Lohn, keine Vergütung: an sich erstrebt man sie also, und ebenso steht es mit der Sache und der Meinung aller Tugenden. (49) Und es wird auch, wenn die Vollkommenheit um des Gewinnes willen, nicht aus eigener Kraft erstrebt wird, nur eine einzige Tugend geben, die man am richtigsten Bosheit nennen wird. Wie nämlich jeder am meisten auf seinen Vorteil alles bezieht, was er tut, so ist er am wenigsten ein guter Mann, so daß die, welche die Tugend nach dem Lohn bemessen, an keine Tugend außer der Bosheit glauben. Wo gibt es denn den Wohltätigen, wenn niemand des Nächsten wegen Gutes tut? Wo den Dankbaren, wenn ihn, dem sie Dank abstatten, die Dankbaren nicht von sich aus selber unterscheiden? Wo ist jene heilige Freundschaft, wenn der Freund nicht selber an sich mit ganzem Herzen, wie man sagt, geliebt wird? Der müßte im Stich gelassen und beiseite geworfen werden, gibt man die Hoffnung auf Vorteil und Gewinn auf; was kann Ungeheuerlicheres gesagt werden als dies? Wenn aber die Freundschaft an sich zu pflegen ist, müssen auch die Gemeinschaft der Menschen, die Gleichheit und Gerechtigkeit an sich erstrebt werden. Ist das nicht so, gibt es überhaupt keine Gerechtigkeit. Denn eben das ist das Ungerechteste, Lohn für Gerechtigkeit zu suchen.

(50) Was werden wir erst über Bescheidenheit, was über Ausgeglichenheit, was über Selbstbeherrschung, was über Ehrfurcht, Scham und Keuschheit sagen? Daß man aus Furcht vor schlechtem Ruf nicht frech ist, oder vor Gesetzen und Gerichten? Beherrscht aber und ehr-

fürchtig ist man, um gelobt zu werden, und errötet, um ein gutes Gerede einzuheimsen? Ich schäme mich schon, über die Keuschheit zu sprechen, und ich schäme mich dieser Philosophen, die es für genügend erachten, anders irgendeinen Richtspruch zu vermeiden als verändert im Laster selber. (51) Denn wie? Können wir die, welche vom Ehebruch aus Furcht vor Schande abgehalten werden, keusch nennen, da die Schande eben wegen der Schändlichkeit der Sache folgt? Denn was kann mit Fug entweder gelobt oder getadelt werden, wenn du vom Wesen der Sache abgehst, die du entweder für lobenswert oder für tadelnswert hältst? Oder werden Entstellungen des Körpers, wenn sie sehr auffällig sind, etwas Anstößiges haben, die Entstellung der Seele aber soll es nicht haben? Deren Häßlichkeit kann aus eben den Lastern sehr leicht erkannt werden. Was läßt sich nämlich Scheußlicheres als Habgier, was Ungeheuerlicheres als Hemmungslosigkeit, was Verächtlicheres als Ängstlichkeit, was Verworfeneres als Langsamkeit und Dummheit nennen? Wie also? Nennen wir die, welche durch einzelne Mängel hervorstechen oder auch mehrere, wegen Verlusten, Schäden oder irgendwelcher Strafen beklagenswert oder wegen der Wirkung oder Schändlichkeit ihrer Laster? Das läßt sich ebenso über die Tüchtigkeit zum gegenteiligen Lobe sagen. (52) Wenn schließlich die Tüchtigkeit anderer Dinge wegen erstrebt wird, muß notwendig etwas besser sein als die Tüchtigkeit. Also Geld oder Ämter oder Schönheit oder Gesundheit? Das alles ist sehr gering, wofern es da ist, und es kann auf keine Weise sicher gewußt werden, wie lange es dableiben wird. Oder etwa das, was am allerschändlichsten ist, die

Lust? Aber in ihrem Verschmähen und ihrer Abweisung erkennt man Wert gerade am meisten.

Aber seht ihr, eine wie bedeutende Kette von Wirklichkeiten und Gedanken das ist und wie das eine sich an das andere knüpft? Ja, ich war im Begriff, mich weiter fortreißen zu lassen, wenn ich mich nicht zurückgehalten hätte.

Quintus: Wohin denn? Gern nämlich, Bruder, würde ich mit dir, bis wohin deine Rede führt, weitergleiten.

Marcus: Zum Ende der Güter, worauf alles bezogen und um dessen Erlangung willen alles getan werden muß, eine strittige Sache und voller Uneinigkeit unter den gelehrtesten Männern, aber irgendeinmal doch zu entscheiden.

(53) *Atticus:* Wie kann das geschehen, da doch Lucius Gellius gestorben ist?

Marcus: Was hat das denn mit der Sache zu tun?

Atticus: Dies: ich erinnere mich, in Athen von meinem lieben Phaedrus gehört zu haben, daß dein Freund Gellius, als er nach der Prätur als Prokonsul nach Griechenland gekommen war, in Athen alle Philosophen zusammengerufen habe, die es damals gab, und nachdrücklich auf sie eingewirkt habe, sie sollten endlich einmal ihren Streitereien irgendein Maß setzen. Seien sie aber so gesonnen, daß sie ihr Leben nicht in Zwistigkeiten aufreiben wollten, könne man übereinkommen, und zugleich habe er ihnen seine Dienste versprochen bei dem Versuch, ob unter ihnen ein Übereinkommen erzielt werden könne.

Marcus: Das ist freilich lustig, Pomponius, und von vielen oft belacht worden. Aber ich möchte wirklich,

ich wäre zum Schiedsrichter zwischen der alten Akademie und Zeno gesetzt.

Atticus: Wie denn das?

Marcus: Weil sie nur über eine einzige Sache uneins sind, über die übrigen in wunderbarer Weise übereinstimmen.

Atticus: Wirklich? Es gibt nur eine einzige Meinungsverschiedenheit?

(54) *Marcus:* Wenigstens soweit sie sich auf unser Problem bezieht, eine einzige: denn während die Alten entschieden, daß alles, was naturgemäß ist und wodurch wir im Leben gefördert werden, gut sei, hat dieser nur das, was sittlich ist, für gut gehalten.

Atticus: Das nennst du einen kleinen Streitpunkt? Dabei ist es nicht einmal der, der alles klärt.

Marcus: Du würdest recht denken, wenn sie sich in der Sache und nicht in den Worten unterschieden.

Atticus: Also stimmst du meinem Freund Antiochus zu – Lehrer wage ich nämlich nicht zu sagen –, mit dem ich zusammen gelebt habe und der mich beinahe aus unserem Gärtchen herausgerissen und mit ganz wenigen Schritten in die Akademie geleitet hätte?

Marcus: Dieser Mann war zwar scharfsinnig und klug und in seiner Gattung vollkommen und mir, wie du weißt, freundschaftlich verbunden, ob ich ihm freilich in allem beipflichte oder nicht, werde ich bald sehen. Das eine behaupte ich, daß diese ganze Streitsache geschlichtet werden kann.

Atticus: Wie siehst du es schließlich an?

(55) *Marcus:* Wenn er nämlich, wie Ariston von Chios, gesagt hätte, einziges Gut sei, was sittlich sei, und einziges Übel, was schändlich, alle übrigen Dinge

aber ganz gleich, und es sei nicht der geringste Unterschied, ob sie vorhanden seien oder nicht, würde er gewaltig von Xenokrates, Aristoteles und von jener Familie Platons abweichen, und es würde eine Meinungsverschiedenheit über die bedeutendste Sache und die ganze Lebensführung bestehen. Die Sachlage ist aber nun so: Dieser nennt das Rühmliche, von dem die Alten gesagt hatten, es sei das höchste Gut, das einzige Gut; und ebenso heißen jene die Schande das schlimmste Übel, dieser das einzige; Reichtum aber, Gesundheit und Schönheit nennt er vorzügliche Dinge, nicht gute; Armut, Schwäche und Schmerz unzuträgliche, nicht schlechte; so denkt er dasselbe wie Xenokrates, wie Aristoteles, spricht nur anders. Aus diesem Zwiespalt nicht der Sachen, sondern der Worte ist der Streit um die Grenzen im Guten und Bösen entstanden, in dem wir nicht dulden werden, daß der alte Besitz der Akademie von diesem scharfsinnigen Manne abgeweidet wird, da ja die Zwölf Tafeln Aneignung innerhalb von fünf Fuß verboten, und wir werden nicht nach der lex Manilia einzeln, sondern nach den Zwölf Tafeln als drei Schiedsrichter die Grenze ziehen.

(56) *Quintus:* Welches Urteil sprechen wir also?

Marcus: Daß wir beschließen, es mögen die Grenzsteine aufgesucht werden, die Sokrates eingesetzt hat, und ihnen gefolgt werden.

Quintus: Vortrefflich, Bruder, werden schon jetzt von dir Begriffe des Rechts und der Gesetze gebraucht, über welches Gebiet ich deine Erörterung erwarte. Denn die eben genannte ist eine schwere Entscheidung, wie ich oft von dir gehört habe. Aber gewiß verhält sich die Sache so, daß entweder aus der Natur heraus zu leben das höchste Gut ist, das ist, ein maßvolles und der Tugend gemäßes Leben zu genießen, oder der Natur zu folgen und sozusagen nach ihrem Gesetze zu leben, das heißt, nichts, soweit an einem selbst liegt, zu unterlassen, um zu erlangen, was die Natur fordert, was wiederum das will, nach der Tugend wie nach einem Gesetze zu leben. Darum läßt sich das vielleicht nie entscheiden, jedenfalls aber in diesem Gespräch nicht, wofern wir das, was wir vorgenommen haben, zum Ende führen wollen.

Atticus: Ich jedoch bog hierher nicht ungern ab.

(57) *Marcus:* Es wird ein andermal möglich sein. Jetzt wollen wir das betreiben, was wir begonnen haben.

Quintus: Zumal diese Meinungsverschiedenheit über das höchste Gut und Übel dafür nichts ausmacht.

Marcus: Du sagst dies, Quintus, sehr weise. Denn was von mir bis jetzt gesagt worden ist . . .

Lücke.

Quintus: . . . weder die Gesetze des Lykurg noch des Solon, noch des Charondas, noch des Zaleukos, noch unsere Zwölf Tafeln, noch Volksbeschlüsse wünsche ich, sondern ich meine, daß du sowohl den Völkern als auch den einzelnen im heutigen Gespräch Gesetze und Ordnung des Lebens geben wirst.

(58) *Marcus:* Was du erwartest, Quintus, gehört dieser Erörterung im eigensten zu, und wenn es doch auch im Bereich meiner Fähigkeit läge! Aber die Sache verhält sich wirklich so, daß das Gesetz von dieser Lebenslehre abgeleitet wird, da es ja Verbesserer der Laster, Empfehler der Tugenden sein muß. So kommt es, daß die Mutter aller guten Dinge die Weisheit ist, von der

Liebe zu der, mit griechischem Wort, die Philosophie ihren Namen gefunden hat. Von den unsterblichen Göttern ist dem Leben der Menschen nichts Fruchtbareres, nichts Blühenderes, nichts Vortrefflicheres gegeben als sie. Diese nämlich allein hat uns alle übrigen Dinge gelehrt, vor allem aber, was am schwierigsten ist, daß wir uns selbst erkennen sollten. Die Macht und die Bedeutung dieser Vorschrift ist so groß, daß sie nicht einem beliebigen Menschen, sondern dem Gott von Delphi zugeschrieben wurde. (59) Denn wer sich selbst erkennt, wird zunächst spüren, daß er etwas Göttliches besitzt, und wird glauben, daß sein Geist in ihm wie ein Götterbild geweiht sei, und er wird immer etwas tun und denken, was eines so großen Geschenkes der Götter würdig ist, und wenn er sich selbst durchschaut und ganz erprobt hat, wird er erkennen, wie er von der Natur ausgestattet ins Leben getreten ist und wie bedeutende Werkzeuge er hat, um die Weisheit zu erlangen und zu erreichen, da er von Anbeginn an von allen Dingen gleichsam umschattete Vorstellungen in Seele und Geist empfangen hat, nach deren Erleuchtung er unter Führung der Weisheit klar sieht, daß er ein guter Mann und eben aus diesem Grunde glücklich sein wird. (60) Denn wenn der Geist nach Erkenntnis und Erfassung der Tugenden sich von Willfährigkeit und Nachgeben gegenüber dem Körper losgelöst hat, die Lust wie einen Fleck der Schande unterdrückt hat, aller Furcht vor Tod und Schmerz entflohen ist, die Gemeinschaft der Liebe mit den Seinen eingegangen ist, alle von Natur Verbundenen als die Seinen erkannt hat, die Verehrung der Götter und die reine Religion aufgenommen, jene Schärfe der Augen und des Geistes ausgebildet hat, um die Güter auszuwählen und das Gegenteilige zurückzuweisen, eine Tugend, die nach dem Voraussehen vorsichtige Klugheit benannt ist: was kann dann Beglückteres genannt oder gedacht werden als dieser?

(61) Wenn derselbe noch Himmel, Länder, Meere und die Natur aller Dinge durchschaut und, woher alles entstanden ist, wohin es zurückkehren, wann, auf welche Weise es sterben wird, was in ihnen sterblich und hinfällig, was göttlich und ewig ist, gesehen hat, ihn selbst, der das lenkt und regiert, fast ergriffen und sich nicht als einen von menschlichen Mauern umschlossenen Volkszugehörigen irgendeines abgegrenzten Platzes, sondern als Bürger der ganzen Welt, als sozusagen eines einzigen Staates erfahren hat: wie wird er in dieser Pracht und im Anblick und der Erkenntnis des Wesens, ihr Götter, sich selbst, was der pythische Apollo befahl, erkennen, wie wird er geringschätzen, wie verachten, wie für nichts erachten das, was gewöhnlich als das Größte bezeichnet wird?

(62) Und dies alles wird er wie mit einer Einzäunung umwallen mit der Methode des Disputierens, der Wissenschaft, Wahres und Falsches zu beurteilen, und mit einer gewissen Technik des Verstehens, was einer jeden Sache folgt und was einer jeden widerspricht. Und wenn er sich geboren fühlt zur Gemeinschaft der Bürger, wird er meinen, nicht nur jene fein unterscheidende Erörterung anwenden zu sollen, sondern auch die weiter ausströmende zusammenhängende Rede, um mit ihr die Völker zu lenken, die Gesetze zu festigen, die Schurken zu geißeln, die Guten zu schirmen, berühmte Männer zu loben, Lehren zu Heil und Ruhm

in zum Überzeugen geeigneter Weise zu geben, um zum Sittlichen aufzurufen, um von Schandtat zurückzuhalten, um Niedergeschlagene trösten und die Taten und Entschlüsse tapferer und weiser Männer zusammen mit der Schande der Ruchlosen in dauernden Denkmälern überliefern zu können. Wenn es auch so zahlreiche und bedeutende Dinge sind, die im Menschen wohnen, wie die durchschauen, die sich selbst erkennen wollen, so ist ihre Mutter und Erzieherin die Philosophie.

(63) *Atticus:* Gelobt von dir gewichtig und mit Recht! Aber worauf zielt das?

Marcus: Zunächst auf das, Pomponius, worüber wir nun handeln werden, was wir so groß wollen. Denn es wird es nicht sein, wenn nicht das, woraus jenes hervorströmt, so bedeutend ist. Dann tue ich es gern und, wie ich hoffe, zu Recht, weil ich die, in deren Liebe ich befangen bin und die mich zu dem gemacht hat, was ich bin, nicht schweigend übergehen kann.

Atticus: Du tust wirklich recht, gut und schön daran, und es mußte, wie du sagst, bei diesem Gespräch getan werden.

ZWEITES BUCH

(1) *Atticus:* Aber willst du, da man nun schon genug spazierengegangen ist und du einen anderen Anfang des Vortrags nehmen mußt, daß wir den Platz wechseln und auf der Insel im Fibrenus – denn das ist, wie ich meine, der Name für den andern Fluß dort – im Sitzen dem übrigen Gespräch unsere Mühe zuwenden?

Marcus: Freilich. Denn jenes Platzes bediene ich mich besonders gern, ob ich etwas bei mir denke, ob ich etwas schreibe oder lese.

(2) *Atticus:* Ich jedenfalls, der ich gerade jetzt hierher gekommen bin, kann mich nicht daran sättigen, und prächtige Landhäuser, Marmorfußböden und Kassettendecken achte ich gering. Wasserkanäle vollends, die man Nile oder Euripus heißt: wer würde nicht über sie lachen, wenn er dies hier sieht? Wie du daher eben bei der Erörterung über Gesetz und Recht alles auf die Natur bezogst, so hat in den Dingen, die man zur Entspannung und Erquickung der Seele sucht, die Natur die beherrschende Stellung. Daher wunderte ich mich vorher – ich stellte mir nämlich in dieser Gegend nichts als Felsen und Berge vor und wurde durch deine Reden und Verse dazu verführt, so zu tun –, aber wie gesagt, ich wunderte mich, daß du dich über diesen Platz so freutest. Jetzt dagegen wundere ich mich, daß du irgendwo anders vorziehst zu sein, wenn du von Rom fern bist.

(3) *Marcus:* Ja, ich suche diese Lieblichkeit und Heil-

samkeit auf, wenn ich mehrere Tage fern sein kann, zumal zu dieser Jahreszeit; selten nur kann ich das. Aber natürlich freut mich auch noch ein anderer Grund, der dich nicht so berührt.

Atticus: Was ist denn das für ein Grund?

Marcus: Weil, wenn wir die Wahrheit sagen, dies meine und meines Bruders eigentliche Heimat ist. Hier sind wir aus uraltem Stamme geboren, hier sind die Familienheiligtümer, hier die Sippe, hier viele Spuren der Vorfahren. Was soll ich weiter davon sprechen? Du siehst hier das Landhaus, so wie es jetzt ist, durch die Bemühungen unseres Vaters etwas prächtiger erbaut, der hier fast ganz sein Leben bei den Büchern verbrachte, da er von schwacher Gesundheit war. Eben an diesem Orte aber, mußt du wissen, bin ich geboren worden, als der Großvater noch lebte und das Landhaus nach alter Sitte klein war, wie die Villa des Curius im Sabinerland. Darum lebt versteckt irgend etwas in meiner Seele und meinem Empfinden, weswegen dieser Platz mir vielleicht mehr als andere erquicklich ist, da ja auch der berühmte kluge Mann, um Ithaka wiederzusehen, die Unsterblichkeit zurückgewiesen hat, wie geschrieben steht.

(4) *Atticus:* Ich halte dies für einen gerechten Grund, warum du hierher besonders gern kommst und diesen Platz liebst. Ich selbst sogar, ich will die Wahrheit sagen, bin diesem Landhaus und diesem ganzen Boden mehr Freund geworden, aus dem du entstanden und erwachsen bist. Irgendwie nämlich lassen wir uns durch Örtlichkeit selber rühren, an der noch Spuren derer, die wir lieben und bewundern, vorhanden sind. Mich jedenfalls erfreut mein Athen nicht so sehr durch die

prächtigen Bauten und die erlesenen Kunstwerke der Alten als vielmehr durch die Erinnerung an die bedeutendsten Männer, wo jeder zu wohnen, wo zu sitzen, wo seine Gespräche zu führen gewohnt war, und liebevoll betrachte ich mir auch ihre Grabmäler. Deshalb werde ich den Ort, wo du geboren bist, späterhin noch mehr lieben.

Marcus: So freue ich mich, dir fast meine Wiege gezeigt zu haben.

(5) *Atticus:* Ich mich hingegen sehr, sie kennengelernt zu haben. Aber ich habe doch noch eine Frage: Was bedeutet es, was du eben gesagt hast, daß dieser Ort – ich höre, daß du ihn auch Arpinum nennst – euer eigentliches Vaterland sei? Habt ihr etwa zwei Vaterländer? Es müßte denn sein, dem klugen Cato war nicht Rom, sondern Tusculum Vaterland.

Marcus: Ich bin allerdings der Ansicht, daß er wie alle Bürger aus Munizipien zwei Vaterländer hat, dagegen eine einheitliche Natur des Bürgerrechts. Wie Cato, während er in Tusculum geboren war, in das Bürgerrecht des römischen Volkes aufgenommen worden ist und so, da er von Geburt Tusculane, von Bürgerrecht Römer war, ein Vaterland des Ortes, ein anderes des Rechtes besaß; wie eure Attiker, bevor Theseus allen aus ihren Äckern herauszuwandern und sich in das, was die Stadt genannt wird, zu begeben befahl, gleichzeitig eigenständig und Attiker waren, so nennen wir das unser Vaterland, wo wir geboren sind, und ebenso jenes, von dem wir aufgenommen worden sind. Aber es ist notwendig, daß das in der Liebe hervorragt, von dem die gesamte Bürgerschaft den Namen des Gemeinwesens hat. Für dies müssen wir sterben, ihm uns ganz ergeben, darein alles, was wir haben, einbringen und gleichsam weihen. Lieb aber ist in nicht viel geringerem Grade das, welches uns gezeugt, als das, welches uns aufgenommen hat. Daher werde ich gar niemals ableugnen, daß dies mein Vaterland ist, wenn auch das erstere gewichtiger ist, dies hier dagegen in ihm eingeschlossen bleibt. ⟨So hat jeder Munizipale eine Heimat von Geburt, eine zweite⟩ des Bürgerrechts, aber hält jenes eine für sein Bürgerrecht.

(6) *Atticus:* Zu Recht also hat unser großer Pompeius vor meinen Ohren vor Gericht die Behauptung aufgestellt, als er mit dir zugleich für Ampius sprach, daß unser Gemeinwesen dieser Landstadt hier den begründetsten Dank abstatten könne dafür, daß aus ihr zwei seiner Erretter entstanden seien, so daß ich nunmehr offensichtlich dazu gebracht werde, daß auch das, welches dich hervorgebracht hat, dein Vaterland ist.

Aber man ist zur Insel gekommen. Gewiß, nichts ist lieblicher als diese. Denn von diesem – ich möchte sagen – Schiffsschnabel wird der Fibrenus gespalten, und gleichmäßig in zwei Teile zertrennt, bespült er diese Seiten hier, reißend auseinandergleitend fließt er schnell zu einem zusammen und umfaßt so viel, daß es gerade genügend Platz für eine nicht zu große Palästra ist. Nachdem er das bewirkt, gerade als ob er das als Werk und Aufgabe gehabt hätte, uns diesen Ruheplatz für unser Gespräch zu schaffen, stürzt er sich sogleich in den Liris. Und wie wenn er in eine patrizische Familie gekommen wäre, verliert er den unbekannteren Namen und macht den Liris viel kälter. Denn ich habe keinen kälteren Fluß als diesen berührt, obwohl ich an viele herangetreten bin, so daß ich ihn kaum mit dem

Fuß ausprobieren kann, was Sokrates im »Phaidros« Platos tut.

(7) *Marcus:* Es ist so. Aber diesem hier gibt an Lieblichkeit dein Thyamis in Epirus, von dem ich oft durch Quintus höre, nichts nach, denke ich.

Quintus: Es ist so, wie du sagst. Glaub nämlich ja nicht, es könne etwas Schöneres geben als das Amaltheion des Atticus und die Platanen dort. Aber, wenn es recht ist, wollen wir uns hier im Schatten niederlassen und zu dem Teil des Gesprächs, den wir verließen, zurückkehren.

Marcus: Vortrefflich treibst du deine Forderung ein, Quintus – ich aber glaubte schon, entkommen zu sein –, und es darf dir nichts von diesen Dingen schuldig geblieben werden.

Quintus: Fang also an, denn wir widmen dir diesen ganzen Tag.

Marcus: »Von Iuppiter der Anfang des Gedichtes!« wie wir in den »Aratea« begonnen haben.

Quintus: Worauf zielt das?

Marcus: Weil wir jetzt ebenso von diesem und den übrigen unsterblichen Göttern den Anfang des Vorgehens nehmen müssen.

(8) *Quintus:* Vortrefflich, Bruder, und so schickt es sich.

Marcus: Wollen wir also wieder, bevor wir zu den einzelnen Gesetzen kommen, Wirkkraft und Wesen des Gesetzes ansehen, damit wir nicht, da wir alles auf es beziehen müssen, manchmal einen Fehler infolge der Irreführung durch die Sprache begehen und nicht die Kraft derjenigen Vernunft verkennen, nach der wir die Rechte abgrenzen müssen?

Quintus: Freilich, und das ist der richtige Weg des Lehrens.

Marcus: Dies also ist, wie ich sehe, die Meinung der weisesten Männer gewesen, daß das Gesetz weder im Geiste der Menschen ausgedacht wurde noch irgendein Beschluß von Völkern ist, sondern etwas Ewiges, das die gesamte Welt regiere in der Weisheit des Befehlens und Verhinderns. So sagten sie, daß jenes Gesetz als Anfang und Ende der Geist Gottes sei, der alles mit Vernunft erzwingt oder verbietet. Auf Grund von diesem ist jenes Gesetz, das die Götter dem Menschengeschlecht gegeben haben, zu Recht gelobt worden; es ist das nämlich die Vernunft und der Sinn des Weisen, der zu Befehl und Abschreckung befähigt ist.

(9) *Quintus:* Ziemlich oft hast du diesen Gedanken angerührt. Aber bevor du zu den Gesetzen der Völker kommst, lege doch bitte die Wirkkraft deines himmlischen Gesetzes dar, damit uns nicht das Brodeln der Gewohnheit verschlinge und zur Art der gebräuchlichen Sprache zurückschleife.

Marcus: Ja; haben wir doch, Quintus, von klein auf gelernt, »wenn jemand vor Gericht ruft« und anderes von der Art Gesetze zu nennen. Wir müssen das aber so verstehen, daß dieses und andere Geheiße und Verbote der Völker den Sinn haben, zu richtigem Tun aufzurufen und von Verfehlungen abzuhalten, ein Sinn, der nicht nur älter ist als das Alter der Völker und Staaten, sondern gleichaltrig mit jenem Himmel und Erde schützenden und lenkenden Gotte. (10) Denn der göttliche Sinn kann nicht ohne Vernunft sein, die göttliche Vernunft muß aber diese Kraft in der Bestimmung des Richtigen und Verkehrten haben, und weil nirgendwo geschrieben stand, daß sich einer gegen alle Truppen der Feinde auf die Brücke stellen und hinter sich die Brücke abzubrechen heißen sollte, hat nichtsdestoweniger doch Cocles, werden wir glauben, jene so große Tat nach dem Gesetz und dem Befehl der Tapferkeit getan, und wenn es zur Zeit der Herrschaft des Lucius Tarquinius kein geschriebenes Gesetz über Ehebruch in Rom gab, hat darum doch gegen jenes ewige Gesetz Sextus Tarquinius der Lucretia, der Tochter des Tricipitinus, Gewalt angetan. Es gab nämlich die Vernunft, hervorgehend aus dem Wesen der Welt, zum rechten Handeln antreibend und vom Vergehen wegrufend, die nicht dann endlich beginnt, Gesetz zu sein, wenn sie geschrieben steht, sondern dann, wenn sie entstanden ist. Entstanden ist sie aber zugleich mit dem göttlichen Sinn. Darum ist das wahre und ursprüngliche Gesetz, befähigt zu befehlen und zu verbieten, die richtige Vernunft Iuppiters, des Allerhöchsten.

(11) *Quintus:* Ich stimme bei, daß, was richtig und wahr ist, höchstes Gesetz ist und nicht zusammen mit den Lettern, mit denen die Beschlüsse geschrieben werden, entsteht oder vergeht.

Marcus: Wie also jener göttliche Sinn höchstes Gesetz ist, ist er es ebenso, wenn er im Menschen zur vollen Ausbildung gekommen ist, im Sinne des Weisen. Die aber in vielfacher Gestalt und auf bestimmte Lage bezogen von den Völkern geschrieben sind, haben den Namen Gesetz mehr aus günstiger Meinung als in Wirklichkeit. Jedes Gesetz nämlich, soweit es mit Recht Gesetz geheißen werden kann, ist lobenswert, wie manche mit folgenden Begründungen lehren. Es steht doch wirklich fest, daß man die Gesetze zum Heil der Bürger, der Unversehrtheit der Staaten und zum ruhigen und glücklichen Leben der Menschen erfunden hat und daß die, welche zum ersten Male Beschlüsse dieser Art festgesetzt haben, den Völkern gezeigt haben, daß sie solches aufschreiben und einbringen würden, nach dessen Aufnahme und Einführung sie gesittet und glücklich leben würden, und was so verfaßt und festgesetzt sei, das sollten sie Gesetze nennen. Woraus sich billig erkennen läßt, daß die, welche den Völkern verderbliche und ungerechte Gebote aufgeschrieben haben, da sie anders gehandelt haben, als sie versprochen und angekündigt hatten, alles eher eingebracht haben als Gesetze, so daß sich einsehen läßt, daß, schon wenn man den bloßen Namen des Gesetzes zu verstehen sucht, darin die Kraft und Bedeutung liegt, das Gerechte und das Wahre auszuwählen. (12) Ich frage dich nun, Quintus, wie es jene Leute zu tun pflegen: Ist das unter die Güter zu zählen, dessentwegen ein Staat, wenn er es nicht besitzt, aus eben dem Grunde, weil er es nicht besitzt, für ein Nichts zu erachten ist?

Quintus: Ja, und unter die wichtigsten.

Marcus: Ein Staat aber, der des Gesetzes ermangelt, ist eben deswegen für nichtswürdig zu erachten?

Quintus: Es läßt sich nicht anders sagen.

Marcus: Es ist also notwendig, daß man das Gesetz unter die besten Dinge rechnet.

Quintus: Ich stimme völlig bei.

(13) *Marcus:* Wie? Wenn bei den Völkern vieles Verderbliche, vieles Todbringende beschlossen wird, was den Namen Gesetz nicht in höherem Grade anrührt, als wenn Räuber irgendwelche in ihrer Versammlung

festsetzten? Denn man kann es doch nicht wahrhaft ärztliche Vorschrift heißen, wenn unkundige und unerfahrene Ärzte an Stelle von Heilsamem Todbringendes aufgeschrieben haben, und auch im Volk nicht Gesetz, wie auch immer es beschaffen war, wenn das Volk irgend etwas Vernichtendes empfangen hat. Also ist das Gesetz die Unterscheidung von Gerechtem und Ungerechtem, geformt nach jener uralten und am Anfang aller Dinge stehenden Natur, nach der sich die Gesetze der Menschen ausrichten, die mit Strafe die Schädlinge belegen, aber die Guten verteidigen und schützen.

Quintus: Ich sehe es ganz deutlich ein und bin schon der Meinung, daß kein anderes als Gesetz nicht nur zu haben, sondern nicht einmal als solches zu bezeichnen ist.

(14) *Marcus:* Also hältst du Gesetze wie die Titia und die Apuleiae für keine Gesetze?

Quintus: Ich auch die Liviae nicht.

Marcus: Und zu Recht, zumal sie mit einer Zeile des Senates in einem Nu aufgehoben worden sind. Jenes Gesetz aber, dessen Kraft ich auseinandergesetzt habe, läßt sich nicht aufheben oder ungültig machen.

Quintus: Du wirst also natürlich solche Gesetze einbringen, die niemals abgeschafft werden.

Marcus: Sicherlich, wenn sie nur von euch beiden angenommen werden. Wie es aber Plato, der gebildetste Mann und zugleich der tiefste aller Philosophen, getan hat, der als erster über das Gemeinwesen und zugleich getrennt davon über seine Gesetze geschrieben hat, so glaube auch ich es tun zu müssen, daß ich nämlich, bevor ich das Gesetz vorlese, über das Gute dieses Gesetzes spreche. Ich sehe, daß dies auch Zaleukos und

Charondas getan haben, obgleich sie freilich nicht des Interesses und der Erbauung, sondern des Staates wegen Gesetze für ihre Gemeinden geschrieben haben. Sie ahmte Plato nach und glaubte dabei offenkundig, daß auch dies zum Gesetz gehöre, etwas zur Überzeugung zu machen, nicht alles mit Gewalt und Drohung zu erzwingen.

(15) *Quintus:* Was meinst du dazu, daß Timaios sagt, Zaleukos habe es gar nicht gegeben?

Marcus: Aber Theophrast behauptet es, meiner Ansicht nach kein schlechterer Gewährsmann – viele nennen ihn sogar einen besseren –, es gedenken seiner aber vor allem seine Mitbürger, meine Schützlinge, die Lokrer. Aber ob er nun existiert hat oder nicht, es tut nichts zur Sache: wir sagen, was überliefert worden ist.

Es sei also dies schon von Anfang an die Überzeugung der Bürger, daß Herren und Lenker aller Dinge die Götter sind und daß, was geschieht, nach ihrem Urteil und Willen geschieht, daß sie sich um das Menschengeschlecht aufs höchste verdient machen, daß sie, wie jeder ist, was er tut, was er begeht, mit welcher Gesinnung, mit welcher Liebe er das Heilige verehrt, anschauen und daß sie auf Fromme und Ruchlose achthaben. (16) Ein Geist, mit solchen Gedanken getränkt, wird von der nützlichen und wahren Meinung nicht fern sein. Was ist denn mehr der Wahrheit entsprechend, als daß niemand so dumm anmaßend sein dürfe, daß er glaubt, in ihm wohne Vernunft und Sinn, im Himmel und in der Welt aber nicht? Oder daß das, was kaum mit der feinsten Berechnung des Geistes erfaßt wird, sich ohne Berechnung bewege? Wen gar die Ordnungen der Gestirne, wen der Wechsel von Tagen und Nächten, wen der Ausgleich der Monate und wen das, was uns zum Genuß entsteht, nicht dankbar zu sein zwingt: wie dürfte man diesen überhaupt als Menschen zählen? Und da alles, was Vernunft hat, dem, was der Vernunft entbehrt, überlegen ist und es Sünde ist, zu sagen, daß irgendeine Sache der Natur aller Dinge überlegen sei, muß man bekennen, daß Vernunft in ihr ist. Daß aber diese Anschauungen nützlich sind, wer könnte das leugnen, wenn er einsieht, wie vieles durch den Eid gefestigt wird, wie heilsam die religiösen Bedenken bei Verträgen sind, wie viele die Furcht vor göttlicher Strafe vom Verbrechen abgehalten hat und wie unverbrüchlich die Gemeinschaft der Bürger untereinander ist, da die unsterblichen Götter bald als Richter, bald als Zeugen sich ins Mittel legen? Da hast du den Vorspruch zum Gesetz; so nennt das nämlich Plato.

(17) *Quintus:* Ja, Bruder, und ich freue mich dabei sehr, daß du dich in anderen Gedanken und Ansichten bewegst als er. Denn nichts ist dem so unähnlich wie das, was du vorher gesagt hast, oder eben dieser Anfang über die Götter selbst. Nur das eine scheinst du mir nachzuahmen, die Art der Rede.

Marcus: Vielleicht zu wollen: wer könnte das nämlich nachahmen oder wird es jemals können? Denn die Ansichten zu übersetzen ist sehr leicht. Ich würde das tun, wenn ich nicht ganz mein eigener Herr sein wollte. Was ist es denn für ein Geschäft, dasselbe mit fast denselben Worten umgesetzt vorzutragen?

Quintus: Ich stimme völlig bei. Aber wie du eben sagtest, ich will lieber, daß du dein eigen bist. Indes lege nun bitte die Gesetze über die Religion vor.

(18) *Marcus:* Ich werde sie vorlegen, wie ich kann, und da ja Gelegenheit und Gespräch vertraulich sind, werde ich die Gesetze mit der Stimme der Gesetze vorschlagen.

Quintus: Wie meinst du das?

Marcus: Es gibt bestimmte Wörter der Gesetze, Quintus, nicht so altertümlich wie in den alten Zwölf Tafeln und den Sakralgesetzen, doch damit sie um so mehr Ansehen haben, ein wenig älter, als unsere Umgangssprache ist. Diese Eigenart nun will ich in Verbindung mit Kürze, wenn ich es vermag, zu erreichen suchen. Die Gesetze aber werden von mir nicht vollkommen – das wäre unendlich – gegeben, sondern die Hauptsachen der Dinge und ihr Sinn.

Quintus: So ist es notwendig. Nun wollen wir hören.

(19) *Marcus:* Den Göttern sollen sie rein nahen, Frömmigkeit mitbringen, Reichtum fernhalten. Wer anders handelt, dem wird Gott selber Strafer sein.

Für sich getrennt soll niemand Götter haben, weder neue noch fremde, außer sie seien von Staats wegen herbeigeholt; daheim sollen sie verehren die, welche sie in gehöriger Weise von ihren Vätern überliefert erhalten haben.

In den Städten sollen sie Heiligtümer halten. Haine sollen sie auf dem Lande haben und Wohnstätten für die Laren.

Die Begehungen der Familie und der Vorfahren sollen sie bewahren.

Als göttliche Wesen sollen sie verehren die, welche immer für Himmlische gehalten worden sind, und die, welche in den Himmel ihre Verdienste geführt haben: Hercules, Liber, Aesculap, Castor, Pollux, Quirinus, aber auch jenes, dessentwegen dem Menschen der Aufstieg in den Himmel geschenkt wird, den rechten Sinn, männliche Vollkommenheit, Frömmigkeit, Zuverlässigkeit, und es sollen sein Heiligtümer dieser Tugenden, aber keine der Laster.

Sie sollen die feierlichen heiligen Handlungen begehen.

An den Festen sollen sie Rechtsstreit fernhalten und sollen sie unter den Gehilfen nach Durchführung der Arbeit halten, und dies, damit es so falle, soll an den Wendungen des Jahres angesetzt sein. Bestimmte Feldfrüchte und bestimmte Baumfrüchte sollen die Priester öffentlich opfern an bestimmten Opfern und Tagen, (20) und ebenso sollen sie bis zu andern Tagen den reichen Segen der Milch und der Nachzucht aufbewahren, und damit das nicht versehen werden kann, sollen die Priester zu dieser Sache und Berechnung die Jahresläufe abgrenzen und, welche Opfergaben jedem Gott anstehen und lieb sind, für diese Vorsorge treffen.

Und verschiedene Götter sollen verschiedene Priester, Sacerdotes, besitzen, alle die Pontifices, einzelne Flamines. Jungfräuliche Vestalinnen sollen in der Stadt das ewige Feuer des Staatsherdes bewachen.

Und auf welche Weise und nach welchem Ritus dies privat und öffentlich geschieht, sollen die Unkundigen von den öffentlichen Priestern lernen. Deren Arten aber sollen drei sein: eine, die den Zeremonien und Opfern vorstehen, eine zweite, die deutet der Seher und Wahrsager unverstandene Aussagen, soweit sie Senat und Volk herangezogen haben. Die Dolmetscher aber des Iuppiter Optimus Maximus, die öffentlichen Auguren, sollen an Vorzeichen und Vogelschau das

Zukünftige erkennen, die Lehre festhalten, (21) und die Priester, die Weinberge und Rutenpflanzungen und das Wohlergehen des römischen Volkes sollen sie weihen, und die, welche Krieg führen werden oder die Sache des Volkes betreiben, denen sollen sie die Vorschau vorher mahnend vor Augen halten, und jene sollen gehorchen. Gegen der Götter Zorn sollen sie Vorsorge treffen und sich nach ihm richten, des Himmels Blitze sollen sie nach gültigen Bereichen abwägen, die Stadt und die Äcker und die Himmelsbereiche sollen sie frei und abgegrenzt halten. Und was der Augur ungerecht, sündig, lasterhaft und grausig genannt hat, soll ungültig und ungetan sein, und wer nicht gehorcht, dem soll es ein Todesverbrechen sein.

Gültiger Verträge über Frieden, Krieg, Waffenstillstand Richter und Mittler sollen die Fetiales sein, Kriege sollen sie schlichten.

Vorzeichen und göttliche Mahnungen sollen sie vor etruskische Leberschauer bringen, wenn der Senat es befiehlt, und Etrurien soll die führenden Männer seine Lehre lehren. Welchen Göttern sie es bestimmt, denen sollen sie opfern, und ebendieselben sollen die Blitze und Einschläge entsühnen.

Nächtliche Opfer der Frauen soll es nicht geben außer jenen, die nach Brauch zum Schutze des Volkes geschehen werden. Und sie sollen niemanden nach griechischem Ritus einweihen außer, wie es üblich ist, in die Mysterien der Ceres.

(22) Ein begangener Religionsfrevel, der auch nicht entsühnt werden kann, soll gegen das religiöse Gesetz begangen sein, der, welcher entsühnt werden kann, den sollen die Staatspriester entsühnen.

Bei den öffentlichen Spielen, soweit es ohne Wettlauf und ohne körperlichen Kampf vonstatten geht, sollen sie die Volksfreude im Gesang, Saitenspiel und Flötenspiel mäßigen und sie mit der Ehrung der Götter verbinden.

Von den vom Vater überkommenen Gebräuchen sollen sie das Beste pflegen.

Außer den Dienern der Mutter vom Ida, und zwar diese an den richtigen Tagen, soll keiner eine Geldspende einsammeln.

Wer etwas Heiliges oder dem Heiligen Anvertrautes stiehlt oder raubt, soll ein Vatermörder sein.

Die göttliche Strafe für den Meineid soll die Vernichtung, die menschliche die Ehrlosigkeit sein.

Unkeuschheit sollen die Pontifices mit der äußersten Strafe belegen.

Ein Ruchloser soll nicht wagen, mit Geschenken den Zorn der Götter zu beschwichtigen.

Genau sollen sie Gelübde einlösen. Strafe soll stehen auf Rechtsverletzung.

Keiner soll Ackerland weihen. Im Weihen von Gold, Silber, Elfenbein soll Maß herrschen.

Die privaten Heiligtümer sollen ewig verbleiben.

Die Rechte der vergöttlichten Verstorbenen sollen unverbrüchlich sein. Die Ihren, die versterben, sollen sie als göttlich ansehen. Aufwand für jene und Trauer sollen sie beschränken.

(23) *Atticus:* Gerundet ist von dir ein großes Gesetz fürwahr in welcher Kürze! Wie mir aber scheint, sticht diese Verfassung der religiösen Obliegenheiten nicht gar sehr von den Gesetzen Numas und unseren Gepflogenheiten ab.

Marcus: Meinst du etwa, da in jenen Büchern über das Gemeinwesen Africanus zu überzeugen scheint, daß von allen Gemeinwesen jenes unser altes das beste gewesen sei, es sei nicht notwendig, Gesetze zu geben, die zum besten Gemeinwesen stimmen?

Atticus: Doch, ich bin ganz solcher Meinung.

Marcus: Also erwartet Gesetze, die jene beste Art des Gemeinwesens zusammenhalten, und wenn vielleicht heute von mir welche eingebracht werden, die es nicht in unserem Gemeinwesen gibt oder gegeben hat, so waren sie doch wohl in der Sitte der Vorfahren, die damals wie ein Gesetz mächtig war.

(24) *Atticus:* Begründe also bitte eben dieses dein Gesetz, damit ich sagen kann: »wie du es vorschlägst«.

Marcus: Wirklich, Atticus? Wirst du nicht anders sprechen?

Atticus: Keine größere Sache jedenfalls werde ich anders beschlossen haben wollen, in geringeren werde ich dir, wenn du willst, dies erlassen.

Quintus: Meine Ansicht ist dieselbe.

Marcus: Aber seht zu, daß es nicht zu lang wird.

Atticus: Und wenn doch! Was könnten wir denn lieber wollen?

Marcus: Rein befiehlt das Gesetz den Göttern zu nahen, im Geist offenbar, in dem alles beschlossen ist; und es läßt nicht die Reinheit des Körpers beiseite, sondern dies muß darunter verstanden werden: da der Geist dem Körper gewaltig überlegen ist und man beachtet, daß man mit reinem Körper nahe, so müsse man das in den Seelen noch viel mehr beachten. Denn jenes wird entweder durch Besprengung mit Wasser oder durch eine Anzahl von Tagen beseitigt, Beflekkung der Seele kann nicht durch Länge der Zeit vergehen und läßt sich nicht durch Ströme wegspülen. (25) Wenn das Gesetz aber befiehlt, frommen Sinn mitzubringen, Reichtum fernzuhalten, so zeigt es an, daß Rechtschaffenheit dem Gotte lieb ist, daß aber Aufwand beseitigt werden muß. Wie denn? Da wir möchten, daß Armut auch unter den Menschen dem Reichtum gleichgestellt sei, warum wollen wir sie, indem Aufwand mit den Opfern verbunden wird, vom Zugang zu den Göttern fernhalten? Zumal Gott selber nichts weniger willkommen sein dürfte, als daß nicht allen der Weg offenstehe, ihn zu besänftigen und zu verehren. Wenn aber nicht ein Richter, sondern Gott selber als Strafer eingesetzt wird, so scheint durch die Furcht vor gegenwärtiger Strafe die religiöse Scheu gefestigt zu werden.

Daß eigene Götter, neue oder fremde, verehrt werden, bringt ein Durcheinander der religiösen Ordnung mit sich und für unsere Priester unbekannte Feierlichkeiten. (26) Denn die von den Vätern überkommenen Götter dürfen verehrt werden, wenn die Väter selber diesem Gesetz gehorcht haben.

Daß es Heiligtümer in den Städten geben soll, ist meine Ansicht, und ich folge nicht den Magiern der Perser, auf deren Veranlassung Xerxes die Tempel in Griechenland angezündet haben soll, weil sie die Götter in Wände einschlössen, obwohl ihnen doch alles frei- und offenstehen müsse, auch diese ganze Welt hier ihr Tempel und Haus sei. Besser die Griechen und unsere Landsleute, die, um die Liebe zu den Göttern zu mehren, wollten, daß sie dieselben Städte bewohnten wie wir. Es bringt diese Vorstellung für die Gemeinden ein nützliches religiöses Empfinden, wofern jenes von Pythagoras, dem großen Philosophen, zu Recht gesagt wurde, daß dann am meisten Frömmigkeit und Scheu in den Seelen lebten, wenn wir uns um göttliche Dinge bemühten, und das, was Thales, der unter den Sieben der weiseste war, sagte, die Menschen sollten der Ansicht sein, alles, was sie sähen, sei voller Götter; alle würden nämlich reineren Sinnes sein, wie wenn sie in höchst gotterfüllten Heiligtümern wären. Es gibt nämlich in der Vorstellung eine bestimmte Art von Göttern vor den Augen, nicht nur im Geist. (27) Denselben Grund haben die Haine auf dem Land, und auch die Verehrung der Laren, welche von den Vorfahren sowohl den Grundherren wie den Gehilfen überliefert ist, gestellt in den Gesichtskreis des Grundstückes und Landhauses, ist nicht zurückzuweisen.

Gar die Begehungen der Familie und der Väter zu bewahren heißt, da die alte Zeit am nächsten an die Götter herankommt, die von den Göttern sozusagen übergebene Gottesfurcht zu achten.

Wenn andrerseits das Gesetz befiehlt, aus dem Geschlechte der Menschen Geheiligte, wie Hercules und die anderen, zu verehren, so gibt es den Hinweis, daß aller Seelen zwar unsterblich sind, die der Tapferen und Guten aber göttlich. (28) Vortrefflich vollends, daß menschlicher rechter Sinn, menschliche Frömmigkeit, Vollkommenheit, Zuverlässigkeit geheiligt werden. Ihnen allen sind in Rom von Staats wegen Tempel geweiht worden, damit, wer diese Tugenden besitzt – es besitzen sie aber alle Guten –, meinen soll, daß die Götter selber in seiner Seele Platz genommen haben. Denn das ist fehlerhaft in Athen, daß sie nach Entsühnung des Kylonfrevels auf Rat des Kreters Epimenides ein Heiligtum des Frevels und der Unverschämtheit schufen. Tugenden nämlich, nicht Laster ziemt es zu heiligen. Und der alte Altar des Fiebers auf dem Palatin und der andere des bösen Geschicks auf dem Esquilin müssen verabscheut werden, und alles Derartige muß man ablehnen. Wenn man aber Namen ersinnen muß, dann eher die der Vica Pota, der Stata und die Beinamen des Iuppiter Stator und Invictus, und die Namen erstrebenswerter Dinge, des Heilseins *[salus]*, des Ehrenvollen *[honor]*, der Fülle *[ops]* und des Sieges *[victoria]*, und da durch die Erwartung guter Dinge der Mut aufgerichtet wird, ist auch mit Recht die Spes von Calatinus geheiligt worden. Und es mag eine Glücksgöttin geben des »heutigen Tages« *[Huiusque diei]* – denn das hat Kraft für alle Tage – oder eine Respiciens, eine auf Hilfebringen achtende, oder eine Fors Fortuna, worin mehr die ungewissen Zufälle bezeichnet sind, oder eine Primigenia vom Hervorbringen, Begleiterin damals . . .

(29) Sinn der Feiertage und Feste ist unter den Freien Ruhe von Streitigkeiten und Prozessen, unter den Sklaven von Arbeiten und Mühen; die Gliederung des Jahres muß sie auf die Vollendung der ländlichen Arbeiten beziehen. Damit bis zu diesem Zeitpunkt die Gaben für die Opfer und der Nachwuchs der Haustiere, die im Gesetze genannt sind, bewahrt werden können, muß man sorgfältig die Übung des Schaltens festhalten, eine Einrichtung, die, von Numa kundig verfügt, durch die Nachlässigkeit der späteren Pontifices in Unordnung geraten ist. Gar jene von den Einrichtungen der Pontifices und Haruspices darf man

nicht ändern, mit welchen Opfertieren geopfert werden muß und welchem Gotte, wem mit größeren, wem mit milchgebenden, wem mit männlichen, wem mit weiblichen.

Daß mehrere Priester allen Göttern, die einzelnen je einem zugeteilt sind, bringt mit sich die Möglichkeit, Rechtsbescheide zu geben und die religiösen Pflichten durchzuführen. Und da Vesta sozusagen den Staatsherd, wie sie ja auch mit griechischem Namen genannt ist – einem Namen, den wir fast gleich wie den griechischen, nicht als übersetzten festhalten –, betreut, sollen sechs Jungfrauen der Aufgabe vorstehen, sie zu verehren, damit man leichter zum Schutze des Feuers wachen könne und die Frauen an ihnen merken, daß das Wesen der Frau jede Form der Keuschheit ertrage.

(30) Was aber folgt, erstreckt sich nicht nur auf die Gottesfurcht, sondern auch auf den Zustand der Gemeinde, daß man nämlich ohne die, welche von Staats wegen dem Kult vorstehen, der privaten Erfüllung der religiösen Pflichten nicht Genüge tun kann. Denn es hält das Gemeinwesen zusammen, daß das Volk immer angewiesen ist auf Einsicht und Garantie der Vornehmen, und die Einteilung der Priester läßt keine Art rechter Religionsübung aus. Denn die einen sind bestimmt zur Besänftigung der Götter, die, welche den feierlichen heiligen Handlungen vorstehen, andere zur Deutung der Voraussagen der Seher, und zwar nicht vieler, damit es nicht unendlich wäre, und nicht so, daß eben dies, was von Staats wegen anerkannt ist, einer außerhalb des Kollegiums kennen soll. (31) Das bedeutendste aber und herausragendste Recht im Gemeinwesen ist mit Gewicht und Ansehen der Auguren ver-

bunden. Ich denke nicht so, weil ich selber Augur bin, sondern weil wir notwendig dieser Ansicht sein müssen. Was gibt es denn Größeres, wenn wir über das Recht forschen, als von höchsten Kommandos und höchsten Ämtern entweder einberufene Versammlungen oder Zusammenkünfte entlassen oder abgehaltene für nichtig erklären zu können? Was gibt es Ernsteres, als daß eine unternommene Handlung unterbrochen wird, wenn auch nur ein Augur sein »an einem anderen Tage« sagt? Was ist großartiger, als beschließen zu können, daß die Konsuln ihr Amt niederlegen sollen? Was hat größere religiöse Kraft als das Recht, mit dem Volke, mit der Plebs zu verhandeln, entweder zu gewähren oder zu verweigern? Wie? Ein Gesetz, wenn es nicht nach dem Recht eingebracht ist, aufzuheben, wie das Titische auf Beschluß des Kollegiums, wie die des Livius auf Rat des Konsuls und Augurs Philippus? Daß nichts, was daheim, nichts, was im Kriege durch die Amtsträger durchgeführt wurde, ohne ihre Bestätigung bei irgendeinem Beifall finden kann?

(32) *Atticus:* Schön, ich sehe das schon und gebe zu, daß es bedeutend ist. Aber in eurem Kollegium besteht zwischen Marcellus und Appius, den vorzüglichsten Auguren, eine gewaltige Meinungsverschiedenheit – ich geriet nämlich an ihre Bücher –, da der eine die Ansicht vertritt, daß diese Vogelzeichen zum Nutzen des Gemeinwesens erdacht worden sind, dem anderen aber eure Kunst göttliche Ahnung zu haben scheint. Ich möchte wissen, was du darüber denkst.

Marcus: Ich? Ich bin der Ansicht, daß es Weissagung, welche die Griechen μαντική, Mantik, nennen, gibt und eben dieser Teil von ihr, der sich mit den Vögeln und den übrigen Zeichen befaßt, Sache unserer Kunst ist. Wenn wir nämlich zugeben, daß es Götter gibt, daß die Welt durch ihren Geist gelenkt wird, daß sie auch für das Geschlecht der Menschen sorgen und uns Zeichen künftiger Dinge zeigen können, sehe ich keine Möglichkeit, zu bestreiten, daß es Weissagung gibt. (33) Es besteht aber das, was ich angenommen habe, woraus das Gewünschte gefolgert und geschlossen wird. Von sehr vielen Fällen gar ist unser Gemeinwesen voll und alle Reiche, alle Völker und alle Stämme, daß auf Grund der Voraussagen der Auguren viel in unglaublicher Weise in Erfüllung gegangen ist. Denn nicht wäre der Name des Polyidos, des Melampus, des Mopsus, des Amphiaraos, des Kalchas und des Helenos so weitbekannt gewesen und nicht hätten so viele Völker dies festgehalten wie die Phryger, die Lykaoner, die Kilikier und besonders die Pisider, wenn nicht die lange Zeit gelehrt hätte, daß diese Dinge Gewißheit besäßen. Romulus gar bei uns hätte nicht unter Befragung der Vogelzeichen die Stadt gegründet, und der Name des Attius Navius wäre nicht so lange in der Erinnerung lebendig, wenn nicht alle diese in Hinsicht auf Wahrheit viel Erstaunliches gesagt hätten. Aber es ist nicht zweifelhaft, daß diese Lehre und Kunst der Auguren jetzt durch Alter und Vernachlässigung schattenhaft geworden ist. Darum stimme ich weder jenem zu, der behauptet, dieses Wissen habe es nie in unserem Kollegium gegeben, noch jenem, der glaubt, es gäbe es noch heute. Es scheint mir bei den Vorfahren zwei Seiten besessen zu haben, daß es einmal sich bisweilen auf eine Not des Gemeinwesens, zum andern sehr häufig auf das Planen des Handelns bezog.

(34) *Atticus:* Ich glaube in der Tat, daß es sich so verhält, und stimme dieser Erklärung am ehesten zu. Aber trage das übrige vor.

Marcus: Ja, und wenn ich kann, in Kürze. Es schließt sich nämlich die Vorschrift über das Recht des Krieges an; daß bei seiner Erklärung, Führung und Beendigung Recht und Verläßlichkeit die größte Kraft hätten und daß es dafür staatliche Deuter gäbe, haben wir durch Gesetz festgelegt.

Über den religiösen Dienst der Leberschauer, über Entsühnungen und Reinigungen, meine ich, ist im Gesetz selber schon genügend gesagt.

Atticus: Ich stimme bei, da ja diese ganze Rede sich um die religiösen Pflichten bewegt.

Marcus: Doch was folgt, wie du dem entweder beistimmst oder ich es zurücknehmen sollte, frage ich mich freilich, Titus.

Atticus: Was ist dies denn?

(35) *Marcus:* Es betrifft die nächtlichen Opfer der Frauen!

Atticus: Ich stimme ganz bei, zumal im Gesetz selbst das feierliche öffentliche Opfer ausgenommen ist.

Marcus: Was werden also Iacchus samt euren Eumolpiden und jenen ehrwürdigen Mysterien tun, wenn wir die nächtlichen Opferfeiern aufheben? Denn wir geben nicht dem römischen Volke, sondern allen guten und gefestigten Völkern Gesetze.

(36) *Atticus:* Du machst eine Ausnahme, glaube ich, mit jenen, in die wir selbst eingeweiht sind.

Marcus: Ja, ich werde mit ihnen eine Ausnahme machen. Denn dein Athen scheint mir vieles Außerordentliche und Göttliche hervorgebracht und in das

Leben der Menschen eingeführt zu haben, vor allem aber nichts Besseres als jene Mysterien, durch die wir aus einem wilden und unmenschlichen Leben zur Menschlichkeit gebildet und gemildert worden sind, durch die wir die »Anfänge«, wie sie geheißen werden, in Wahrheit aber die Grundlagen des Lebens kennengelernt und nicht nur mit Freude den Sinn des Lebens empfangen haben, sondern auch mit besserer Hoffnung den des Sterbens. Was mir aber an den Nachtfeiern mißfällt, zeigen die Komödiendichter. Wäre diese Freiheit in Rom gegeben, was hätte dann jener erst getan, der zu einem Opfer eine bedachte Begierde mitbrachte, worauf nicht einmal mit der Unvorsichtigkeit der Augen einen Blick zu werfen Recht gewesen wäre?

Atticus: Du aber gib dein Gesetz für Rom, uns nimm die unseren nicht.

(37) *Marcus:* Ich kehre also zu unseren zurück. Durch sie muß man in der Tat aufs sorgfältigste sichern, daß das helle Tageslicht durch vieler Augen den Ruf der Frauen bewacht und daß sie nach dem Ritus eingeweiht werden, wie sie in Rom in die Mysterien der Ceres eingeweiht werden. Auf diesem Gebiet zeigt deutlich der alte Senatsbeschluß über die Bacchusfeiern und die Untersuchung und Bestrafung durch die Konsuln unter Einsatz des Heers die Strenge der Vorfahren. Und alles Nächtliche – damit wir nicht vielleicht als zu hart erscheinen – hat mitten in Griechenland der Thebaner Pagondas durch ein dauernd gültiges Gesetz aufgehoben. Den neuen Göttern aber und den Nachtfeiern bei ihrer Verehrung setzt Aristophanes, der witzigste Dichter der Alten Komödie, so zu, daß bei ihm Sabazius und bestimmte andere fremde Götter einem

Gericht unterworfen und aus der Stadt getrieben werden.

Der Priester des Staates aber soll eine Unvorsichtigkeit, die mit Überlegung entsühnt worden ist, von Furcht befreien, die Verwegenheit, häßliche Begierden in die religiösen Veranstaltungen einzulassen, soll er verurteilen und als frevlerisch ansehen.

(38) Was die öffentlichen Spiele angeht, so sollen, da man sie nach Theaterraum und Zirkus einteilt, körperliche Wettkämpfe in Lauf, Faustkampf, Ringen und Wagenrennen bis zum gewissen Sieg im Zirkus eingerichtet sein, der Theaterraum soll erschallen von Gesang, Saitenspiel und Flöte, wenn das nur maßvoll ist, wie im Gesetz vorgeschrieben. Ich stimme nämlich Plato zu, daß nichts so leicht in die zarten und weichen Seelen hineinfließt wie die wechselnden Gesangstöne. Schwerlich läßt sich sagen, wie groß ihre Macht in beiden Richtungen ist. Denn bald regt sie Erschlaffte auf und beruhigt die Erregten, bald entspannt sie die Gemüter, bald strafft sie sie, und es war für viele Staaten in Griechenland von Wichtigkeit, die alte Weise des Gesangs zu bewahren: ihre Gesittung, zur Weichlichkeit abgleitend, hat sich im gleichen Maße wie die Gesänge geändert oder ist durch diese Süßigkeit und Verderbnis entartet, wie manche glauben, oder als ihre Strenge wegen anderer Fäulniserscheinungen dahingesunken war, war erst Raum in den veränderten Ohren und Seelen auch für diese Änderung. (39) Aus diesem Grunde fürchtet jener weiseste und dazu bei weitem gelehrteste Mann Griechenlands mächtig diese Zersetzung. Er sagt nämlich, daß sich die musikalischen Gesetze nicht ohne Veränderung der Gemeinwesen

wandeln können. Ich selbst denke, man sollte das nicht so sehr fürchten, aber auch nicht ganz übersehen. Das jedenfalls beobachten wir, wie dasselbe Theater, das sich einst in ernster Freude mit den Weisen des Livius und Naevius erfüllte, jetzt laut aufjauchzt . . . und [die Schauspieler?] Nacken und Augen zugleich mit den Biegungen der Melodien verdrehen. Schwer hat diese Dinge einst das berühmte Griechenland gestraft, in weiter Voraussicht, wie allmählich das Verderben, in die Gemüter der Bürger eindringend, mit schlimmen Leidenschaften und bösen Lehren ganze Staaten plötzlich vernichten könne, wofern das strenge Sparta befahl, die Saiten, sofern es mehr als sieben wären, auf der Kithara des Timotheus zu zerschneiden.

(40) Darauf steht im Gesetz, daß von den vom Vater her überlieferten Gebräuchen das Beste gepflegt werden solle. Als die Athener in dieser Frage den pythischen Apollo um Rat angingen, welche religiösen Dienste sie in erster Linie festhalten sollten, wurde ihnen das Orakel gegeben: die, welche in der Sitte der Vorfahren begründet seien. Als sie ein zweites Mal kamen und sagten, die Sitte der Vorfahren habe sich oft geändert, und fragten, welcher Sitte sie von den verschiedenen am ehesten folgen sollten, antwortete er: der besten. Und tatsächlich ist es so, daß man dies für am ältesten und Gott am nächsten halten muß, was am besten ist.

Die Spende außer der, die der Mutter vom Ida eigen ist und die wir für wenige Tage ausgenommen haben, haben wir verboten. Sie erfüllt nämlich die Gemüter mit Aberglauben und erschöpft die Haushalte.

Der Tempelräuber erhält Strafe, und zwar nicht nur

der, der Gottesgut, sondern auch der, welcher dem Heiligtum Anvertrautes davongeschleppt hat. (41) Das geschieht jetzt noch in vielen Tempeln, und Alexander soll in Kilikien bei den Solensern an einem heiligen Ort Geld niedergelegt haben, ebenso wie der Athener Kleisthenes, ein überragender Bürger, die Mitgift seiner Töchter der Iuno auf Samos anvertraut haben soll, als er um sein Schicksal bangte.

Über Meineid, über Blutschande braucht an dieser Stelle nichts mehr gesagt zu werden.

Damit Frevler nicht wagen, Götter mit Geschenken zu besänftigen, sollen sie auf Plato hören, der jeden Zweifel darüber, wie der Gott sie aufnehmen wird, verbietet, da schon kein rechtschaffener Mann von einem Schurken beschenkt werden möchte.

Daß die Sorgfalt in den Gelübden ⟨beobachtet werden müsse,⟩ ist zur Genüge im Gesetz zum Ausdruck gebracht. ⟨Mit Versprechen⟩ und Gelübden ⟨gehen wir nämlich⟩ einen Vertrag ein, durch den wir uns der Gottheit verpflichten. Gegen eine Bestrafung aber wegen verletzter religiöser Verpflichtung gibt es keine gerechte Einrede. Was soll ich hier Fälle von Frevlern beibringen, deren die Tragödien voll sind? Was vor Augen liegt, das will ich lieber anrühren. Wenn ich auch fürchte, daß eine solche Erwähnung über das dem Menschen Gegebene hinausgeht, will ich doch nichts verschweigen, da ich ja vor euch spreche, und möchte, daß das, was ich sage, lieber den unsterblichen Göttern willkommen ist als bedrückend für die Menschen. (42) Als durch das Verbrechen verworfener Bürger mit meinem Weggang die Rechte der göttlichen Ansprüche besudelt wurden, unsere angestammten Laren gequält, auf ihrem Wohnsitz ein Tempel der Zügellosigkeit aufgebaut, vertrieben von den heiligen Stätten der war, der sie gerettet hatte: schaut schnell in eurem Geiste – denn es tut nichts zur Sache, irgendeinen bei Namen zu nennen –, welches Ende die Dinge genommen haben. Wir, die wir nicht geduldet haben, daß jene Beschützerin der Stadt von den Frevlern verletzt würde, obwohl all unser Gut geraubt und zugrunde gerichtet war, und sie aus unserem Hause in das Haus ihres eigentlichen Vaters gebracht haben, haben das Urteil des Senates, Italiens, ja aller Völker geerntet, das Vaterland gerettet zu haben. Was konnte einem Menschen Rühmlicheres geschehen als dies? Die aber, durch deren Verbrechen damals das Heilige mit Füßen getreten und zuschanden gemacht wurde, von denen liegt ein Teil auseinandergerissen und zerstreut am Boden; denen aber, welche von ihnen die Anstifter dieser Verbrechen gewesen waren und vor den anderen in jeder religiösen Rücksicht gewissenlos, fehlt nicht nur im Leben keine Pein und Schande, sondern auch das Begräbnis und das den Toten geschuldete letzte Geleit.

(43) *Quintus:* Ich erkenne das, Bruder, und sage den Göttern verdienten Dank. Aber wir sehen, daß es allzu oft viel anders ausgeht.

Marcus: Gewiß: wir verstehen nämlich, Quintus, nicht richtig, was die göttliche Strafe ist, sondern lassen uns durch die Meinungen der Masse in den Irrtum reißen und sehen das Wahre nicht genau. Nach Tod oder Körperschmerz oder seelischer Trauer oder Anstoß beim Urteil der Menschen wägen wir das Unglück. Diese Dinge sind menschlich und vielen rechtschaffenen

Männern zugestoßen, wie ich gestehen muß. Es gibt eine bittere Strafe für das Verbrechen, und abgesehen von den Ereignissen, die folgen, ist sie an sich selber am größten: wir haben die gesehen, die uns niemals feind gewesen wären, hätten sie nicht das Vaterland gehaßt, wie sie bald vor Gier loderten, bald in Angst, bald aus schlechtem Gewissen, wie sie bald fürchteten, was sie tun sollten, wie sie im Wechsel damit alle religiösen Bedenken geringschätzten, wie die Gerichte von denselben Leuten durch Bestechung der Menschen verdorben wurden, nicht der Götter.

(44) Ich will mich zurückhalten, nicht weiter eindringen, und zwar um so mehr, je mehr Sühne ich erhalten habe, als ich gesucht habe. So viel will ich nur in Kürze festlegen, daß die göttliche Strafe doppelt ist, weil sie einmal aus der Seelenqual der Lebenden, zum andern aus einem solchen Ruf der Toten besteht, daß ihr Ende durch das Urteil und die Freude der Lebenden gebilligt wird.

(45) Daß aber Äcker nicht geweiht werden sollen, darin stimme ich Plato völlig bei, der, wenn ich es nur verdolmetschen kann, etwa folgende Worte gebraucht: »Die Erde nun ist wie der Herd der Behausungen heiliger Besitz aller Götter. Darum soll keiner zum zweiten Male dasselbe weihen. Gold aber und Silber ist in den Städten, daheim und in den Heiligtümern eine vielem Neid ausgesetzte Sache. Elfenbein weiter, aus dem Körper eines entseelten Wesens ausgezogen, ist kein genügend reines Geschenk für einen Gott. Erz gar und Eisen sind Werkzeuge des Krieges, nicht eines Tempels. Hölzernes aber soll einer weihen, was er will, aus einem Stück Holz und ebenso Steinernes, und zwar in

öffentlichen Heiligtümern, Gewebtes, was nicht mehr Arbeit fordert als die Monatsarbeit einer Frau. Als Farbe steht dem Gott vorzüglich Weiß an, sowohl sonst als besonders bei Gewebtem; Gefärbtes soll fernbleiben außer bei Kriegszeichen. Die göttlichsten Geschenke aber sind Vögel und Gestalten, die von einem Maler in einem Tage vollendet sind, und ebenso sollen die übrigen Geschenke nach diesem Beispiel sein.« Das scheint ihm richtig. Ich aber beschneide das übrige nicht so streng, durch die Laster der Menschen und die Hilfsquellen der Zeiten besiegt: die Bestellung des Landes wird, vermute ich, lässiger sein, wenn in Hinsicht auf ihre reine Nutzung und Bearbeitung mit dem Eisen das Geringste an Aberglauben hinzutritt.

Atticus: Jetzt habe ich deine Ansicht. Nun blcibt noch das Thema der dauernden Heiligtümer und des Rechtes der Verstorbenen.

Marcus: O dein erstaunliches Gedächtnis, Pomponius! Mir war das entfallen.

(46) *Atticus:* Das glaube ich. Aber ich denke um so mehr an diese Dinge und bin auf sie gespannt, weil sie sich auf das Recht der Pontifices und das Recht des Gemeinwesens beziehen.

Marcus: Gewiß, und es gibt über diese Dinge von den Erfahrensten viele Bescheide und Schriften, und ich werde in unserem ganzen Gespräch hier, zu welcher Art Gesetz mich auch unsere Erörterung führt, das Recht unseres Gemeinwesens in eben dieser Gattung behandeln, soweit ich das vermag, aber in der Weise, daß der Gedankenbereich selber bekannt ist, aus dem jeder Teil des Rechtes sich ableitet, so daß es nicht schwierig ist für den, der nur etwas beweglichen Geistes ist, das Recht jeden neuen Falls oder jeder neuen Frage, die auftaucht, zu erfassen, da man weiß, von welcher Quelle man es herleiten muß. (47) Aber ob sie nun Unklarheit verbreiten wollen, damit sie um so mehr Dinge und schwierigere zu wissen scheinen oder, was wahrscheinlicher ist, weil sie sich nicht aufs Lehren verstehen – denn nicht nur etwas zu wissen gehört zur Kunst, sondern es gibt auch eine Kunst des Lehrens –: unsere Rechtsgelehrten verteilen oft, was auf einem Begriff beruht, in unendlich viele Einzelheiten. Zum Beispiel in eben der vorliegenden Gattung: als wie bedeutend stellen das die Scaevolae hin, beide Pontifices und zugleich die größten Rechtsgelehrten! »Oft«, sagte der Sohn des Publius, »habe ich vom Vater gehört, niemand sei ein guter Pontifex außer dem, der das Recht des Gemeinwesens kennt.« Das ganze? Warum das? Was geht denn den Pontifex die Frage nach dem Recht der Wände oder des Wassers oder sonst irgendeinem an außer der nach dem, was mit dem Gottesdienst verbunden ist? Wie wenig ist das aber! Fragen der gottesdienstlichen Verpflichtungen, denke ich, der Gelübde, der Feiertage und der Begräbnisse, und wenn es noch etwas Derartiges gibt. Warum machen wir dieses zu etwas Großem, wo doch das übrige sehr unbedeutend ist, betreffs der gottesdienstlichen Verpflichtungen, ein Gebiet, das sich weiter erstreckt, aber gilt der eine Satz, daß sie immer erhalten werden, den Familien in der Folge weitergegeben werden und, wie ich es im Gesetz aufgestellt habe, dauernd sein sollen? (48) Diese Forderungen haben durch das Ansehen der Pontifices die Rechte erlangt, daß, damit durch den Tod des Familienvaters nicht das Gedächtnis an die gottesdienstlichen Verpflichtungen erlösche, sie mit denen verbunden würden, an die bei seinem Tode das Geld käme. Nachdem dies eine aufgestellt ist, was ausreicht zur Erkenntnis der Lehre, entstehen unzählige Dinge, mit denen man die Bücher der Rechtsgelehrten anfüllt. Man fragt nämlich, welche Leute an die gottesdienstlichen Verpflichtungen gebunden werden. Der Fall der Erben ist sehr gerecht; denn es gibt keine Person, die an die Rolle dessen, der aus dem Leben schied, näher herankäme. Darauf, wer durch Tod des Betreffenden oder sein Testament ebensoviel empfängt wie alle Erben: auch das ist in der Ordnung; es fügt sich nämlich zu dem, was Vorsatz ist. An dritter Stelle, sollte kein Erbe da sein, derjenige, der von dem Besitz, der ihm gehörte, als er starb, das meiste durch Besitz in Beschlag genommen hat. An vierter Stelle, wenn keiner da ist, der etwas in Besitz genommen hat, derjenige, welcher von seinen Gläubigern am meisten bewahrt. (49) Der letzte ist der Fall einer in Frage kommenden Rechtsperson, daß der, wenn einer dem, der gestorben ist, Geld geschuldet hat und es niemandem gezahlt hat, in gleicher Weise solle gehalten werden, als ob er dieses Geld empfangen habe.

Das haben wir von Scaevola gelernt, obwohl es nicht so von den Alten aufgeschrieben worden ist. Denn diese lehrten mit folgenden Worten: Auf drei Weisen wird man an religiöse Verpflichtungen gebunden: durch Erbschaft oder wenn er den größeren Teil des Vermögens erhält oder, falls der größere Teil des Vermögens als Legat ausgesetzt ist, wenn der Betreffende davon etwas erhalten hat. Aber folgen wir dem Pontifex. (50) Ihr seht also, daß alles an diesem einen hängt, daß die Pontifices wollen, die gottesdienstlichen Verpflichtungen sollen mit dem Vermögen verbunden werden, und denselben Personen müssen nach ihrer Ansicht die Ausrichtung der Trauertage und der Begräbnisfeierlichkeiten zugewiesen werden.

Und auch dies gestehen die Scaevolae zu, wenn eine Teilung stattfindet, daß, falls im Testament der abgezogene Teil nicht eingeschrieben ist und sie selber weniger empfangen haben, als den gesamten Erben hinterlassen wird, sie nicht an die religiösen Verpflichtungen gebunden werden. Bei der Schenkung legen sie dasselbe anders aus: was der Familienvater bei der Schenkung dessen, was in seiner Gewalt ist, gebilligt hat, ist gültig; was ohne sein Wissen geschehen ist, ist nicht gültig, wenn er es nicht billigt. (51) Nachdem das als Grundsatz vorausgeschickt ist, entstehen viele Problemchen, die von sich aus selber der, der sie nicht versteht, leicht durchschaut, wenn er sie auf den Ausgangspunkt bezieht. Zum Beispiel: Im Fall einer hätte weniger angenommen, um nicht an die gottesdienstlichen Verpflichtungen gebunden zu werden, aber hernach hätte einer von seinen Erben für seinen Teil eingefordert, was von dem, dessen Erbe er war, nicht beansprucht worden war, und dieses Vermögen wäre nicht kleiner geworden zusammen mit der früheren Eintreibung, als allen Erben zusammen hinterlassen worden wäre, dann solle der, der dieses Geld eingefordert hatte, allein ohne seinen Miterben an die gottesdienstlichen Verpflichtungen gebunden sein. Ja sie treffen Sicherung, daß der, dem mehr als Legat vermacht worden ist, als ohne religiöse Verpflichtung anzunehmen erlaubt ist, durch ›Erz und Waage‹ die Erben des Testamentes löst, deshalb weil in dieser Position das Vermögen so gelöst ist von der Erbfolge, als wenn das Geld nicht vermacht worden wäre.

(52) Hier und in vielen anderen Fällen frage ich euch, ihr Scaevolae, Pontifices maximi und nach meinem Urteil höchst scharfsinnige Männer, was euch treibt, daß ihr zum Pontifikalrecht das Recht des Gemeinwesens hinzuerstrebt. Durch die Kenntnis des Rechts des Gemeinwesens wird das Pontifikalrecht in gewisser Weise aufgehoben. Denn die gottesdienstlichen Verpflichtungen sind mit dem Vermögen durch Wirkung des Ansehens der Priester, nicht durch ein Gesetz verbunden worden. Wenn ihr daher nur Priester wäret, würde das priesterliche Ansehen bleiben; aber weil ihr zugleich auch des Rechtes des Gemeinwesens äußerst kundig seid, habt ihr mit dieser Wissenschaft die andere genarrt. Die Pontifices maximi Publius Scaevola und Tiberius Coruncanius und ebenso die übrigen waren der Ansicht, daß die, welche ebensoviel empfingen wie alle Erben, an die gottesdienstlichen Verpflichtungen gebunden wären. Damit habe ich das Pontifikalrecht. (53) Was kam hier aus dem Recht des Gemeinwesens hinzu? Ein vorsichtig formulierter Abschnitt über die Teilung, daß hundert Sesterzen abgezogen werden sollten: gefunden worden ist damit ein Weg, wie man das Geld von der lästigen gottesdienstlichen Verpflichtung befreien könnte. Wenn aber der, welcher das Testament machte, die Vorsorge nicht hätte treffen wollen, so mahnt dieser Rechtsgelehrte Mucius, selber zugleich Pontifex, daß er weniger annimmt, als allen Erben hinterlassen wird. Die Früheren sagten, was er auch immer genommen habe, er sei ver-

pflichtet. Wieder wird er von den gottesdienstlichen Verpflichtungen befreit. Das aber hat vollends mit dem Pontifikalrecht nichts zu tun, sondern stammt mitten aus dem Recht des Gemeinwesens, daß man mit ›Erz und Waage‹ den Erben des Testaments löst und die Sache an demselben Punkte ist, als wenn das Geld nicht vermacht worden wäre, auch wenn sich der, dem etwas vermacht worden ist, vertraglich ausbedungen hat, daß nämlich ihm das Geld auf Grund des Vertrages geschuldet wird und dies nicht ⟨den gottesdienstlichen Verpflichtungen unterliegt⟩.

(54) ... ein freilich sehr gelehrter Mann, dessen enger Freund Accius war, sondern ich glaube, daß er als dem letzten Monat des Jahres, wie die Alten dem Februar, so er dem Dezember folgte. Mit dem größten Opfer aber den Ahnen zu opfern, glaubte er, sei ein Begleitumstand der frommen Liebe.

(55) Ja, die Heiligkeit der Begräbnisse ist so groß, daß man sagt, es sei Sünde, daß einer, der außerhalb der Heiligtümer und des Geschlechterverbands stehe, dort bestattet werde, und so entschied bei unseren Vorfahren Aulus Torquatus bei der popillischen Sippe. Vollends würden nicht so sehr die Totenfesttage, die nach dem Tode genannt sind, weil sie für die Verstorbenen gefeiert werden, als die Ruhetage der übrigen Himmlischen ›feriae‹ genannt, wenn die Vorfahren nicht der Meinung gewesen wären, daß die in der Zahl der Götter wären, die aus dem Leben geschieden seien. Sie auf solche Tage zu legen ist rechtens, daß sie weder eigene noch öffentliche Feiertage seien. Und die ganze Anlage dieses Rechtes der Pontifices weist auf große religiöse Bedeutung und Feierlichkeit hin. Wir brau-

chen nicht einzeln zu erörtern, welches Ende der Befleckung der Familie gesetzt ist, welche Art von Opfer dem Lar mit den Widdern gebracht wird, auf welche Weise ein abgeschnittener Knochen mit Erde bedeckt wird und welche Rechte und Pflichten bei der Sau eingegangen worden sind, zu welcher Zeit ein Grab eines zu sein beginnt und durch die religiöse Vorschrift geschützt ist. (56) Mir aber scheint die ursprünglichste Art der Bestattung die gewesen zu sein, die bei Xenophon Kyros anwendet: zurückgegeben wird nämlich der Erde der Leib, und so gebettet und gelagert, wird er durch die Bedeckung durch die Mutter umhüllt. Und auf dieselbe Art, haben wir überliefert, ist in dem Grabmal, das nicht weit vom Altar des Fons liegt, unser König Numa beigesetzt, und wir wissen, daß die Sippe der Cornelier bis auf unsere Tage diese Bestattung angewendet hat. Des Gaius Marius Überrest, am Anio gelegen, ließ der Sieger Sulla in alle Winde zerstreuen, von einem bittereren Hasse erregt, als wenn er so weise gewesen wäre, wie er heftig war. (57) Das, hat er vielleicht gefürchtet, könne seiner eigenen Leiche geschehen, und so wollte er als erster von den patrizischen Corneliern vom Feuer verbrannt werden. Es sagt nämlich deutlich Ennius von Africanus: Hier liegt jener... Richtig, denn liegen sagt man von denen, die beerdigt sind. Ein Grab ist ihr Grab aber erst, wenn die vorgeschriebenen Pflichten erfüllt sind und das Schwein geschlachtet ist. Und was jetzt allgemein bei allen Beigesetzten üblich wird, daß man sie beerdigt nennt, das war damals bei denen der eigentliche Ausdruck, welche die darauf geworfene Erde bedeckt hatte, und diese Sitte bestätigt das Pontifikalrecht.

Denn bevor auf das Stück Gebein eine Erdscholle geworfen ist, hat die Stelle, wo die Leiche verbrannt worden ist, keine religiöse Bedeutung: wenn die Scholle darauf geworfen ist, dann erst ist jener begraben und heißt es Grab. Und dann erst umschließt es viele religiöse Rechte. Darum entschied bei dem, der auf einem Schiff getötet, dann ins Meer geworfen worden war, Publius Mucius, daß die Familie nicht religiös befleckt sei, weil Gebein über der Erde nicht vorhanden sei; zu einem weiblichen Schwein sei der Erbe verpflichtet, und es müßten drei Tage lang Totenfeiern gehalten und ein Sühnopfer mit einem weiblichen Schwein gebracht werden. Wäre er im Meere gestorben, dasselbe außer dem Sühnopfer und der Totenfeier.

(58) *Atticus:* Ich sehe, was im Pontifikalrecht bestimmt ist, ich frage aber, ob auch etwas in den Gesetzen.

Marcus: Wenig freilich, Titus, und wie ich meine, euch nicht Unbekanntes. Aber das geht nicht so sehr auf den Gottesdienst wie auf das Begräbnisrecht. »Einen Toten«, sagt das Gesetz auf den Zwölf Tafeln, »sollst du nicht in der Stadt beisetzen oder verbrennen.« Ich glaube schon wegen der Feuersgefahr. Wenn es aber hinzusetzt »oder verbrennen«, zeigt es an, daß nicht, wer verbrannt wird, beigesetzt wird, sondern wer beerdigt wird.

Atticus: Was hat es damit auf sich, daß nach der Zeit des Zwölf-Tafel-Gesetzes berühmte Männer in der Stadt beigesetzt sind?

Marcus: Ich glaube, Titus, es sind gewesen einmal die, denen das vor diesem Gesetz ihrer Leistung wegen eingeräumt worden ist, wie dem Poplicola, wie dem

Tubertus, was ihre Nachkommen rechtens beibehalten haben, zum andern diejenigen, die das wie Gaius Fabricius ihrer Leistung wegen erlangt haben, indem sie Befreiung von den Gesetzen erhielten. Aber wie das Gesetz verbietet, in der Stadt beizusetzen, so ist vom Pontifikalkollegium entschieden worden, es sei nicht rechtens, daß ein Grabmal auf öffentlichem Platz angelegt werde. Ihr kennt außerhalb des Collinischen Tores den Tempel des Honos (Anerkennung). Es ist überliefert, daß an dieser Stelle ein Altar gewesen ist. Als man bei ihm eine Metallplatte fand und auf ihr geschrieben war: »dem Honos gehörig«, war dies der Grund, daß dieser Tempel geweiht wurde. Aber da an dieser Stelle viele Gräber gewesen waren, sind sie umgepflügt worden. Es stellte nämlich das Kollegium fest, daß ein öffentlicher Platz nicht durch private religiöse Rechte gebunden werden könnte.

(59) Vollends das übrige in den Zwölf Tafeln dient dazu, den Aufwand und das Jammern beim Begräbnis zu mindern, übertragen aus den Gesetzen Solons im allgemeinen. »Darüber hinaus«, sagt es, »tue nichts. Glätte den Scheiterhaufen nicht mit der Axt.« Ihr kennt, was folgt. Lernten wir doch als Knaben die Zwölf Tafeln wie ein unerläßliches Gedicht; heute lernt sie niemand mehr. Nachdem es den Aufwand beschränkt hat auf drei Überwürfe, eine purpurne Tunica und zehn Flötenspieler, verbietet es auch das Jammern: »Die Frauen sollen die Wangen nicht zerkratzen und kein Klagegeschrei des Begräbnisses wegen anstimmen.« Das, sagten die alten Ausleger Sextus Aelius und Lucius Acilius, verstünden sie nicht genau, aber sie vermuteten, es handle sich um eine Art Trauergewand.

Lucius Aelius sagte, *lessus* sei eine Art trauriges Aufheulen, wie das Wort selbst zu erkennen gibt. Das ist nach meinem Urteil um so mehr wahr, als das Gesetz Solons eben dieses verbietet. Das ist lobenswert, und der Reiche teilt es etwa mit dem Volk. Das ist auf jeden Fall in höchstem Grade der Natur entsprechend, daß der Unterschied der Lebensumstände im Tode aufgehoben wird. (60) Ebenso haben die Zwölf Tafeln die übrigen Totenbräuche, durch welche die Trauer vermehrt wird, beseitigt. »Einem Toten«, sagt es, »soll man nicht die Gebeine sammeln, daß man ihm später ein Begängnis mache.« Es nimmt den Tod im Kriege und in der Fremde aus. Folgendes ist außerdem in den Gesetzen über Salbung und Mahl: »Die Salbung eines Sklaven soll aufgehoben werden und jeder Umtrunk.« Das wird zu Recht aufgehoben, und es würde nicht aufgehoben werden, wenn es dies nicht gegeben hätte. »Daß nicht kostbare Besprengung, daß nicht lange Kränze, daß nicht Weihrauchkästchen ...«, das wollen wir beiseite lassen. Jenes dann ist ein Hinweis, daß Auszeichnungen des Ruhmes die Toten angehen, daß das Gesetz befiehlt, ein durch große Tat erworbener Kranz solle sowohl dem, der ihn gewonnen, wie seinem Vater ohne Verstoß aufgelegt sein. Und ich glaube, weil es häufig geschehen war, daß einem mehrere Begängnisse veranstaltet und mehrere Lager ausgebreitet wurden, ist durch das Gesetz bestimmt worden, daß auch dieses nicht geschehe. Da in diesem Gesetz stand: »und gebe kein Gold mit«, seht, wie menschlich ein zweites Gesetz die Ausnahme macht: »aber wem die Zähne mit Gold verbunden sind, er ihn aber mit jenem begräbt oder verbrennt, soll ohne Verstoß sein«. Und seht sogleich auch dies, daß bestatten und verbrennen als etwas anderes galt.

(61) Es gibt dann noch zwei Gesetze über die Grabstätten, von denen das eine für die Gebäude der Privatleute, das andere für die Grabstätten selbst Vorsorge trifft. Denn wenn es verbietet, daß ein Scheiterhaufen oder ein neues Grab näher als sechzig Fuß an fremde Gebäude gegen den Willen des Besitzers herangeführt werde, so fürchtet es Feuer durch Aschenflug. Wenn es aber verbietet, daß der Gang, das ist die Vorhalle des Grabes, oder das Grab in Besitz genommen werde, so schützt es das Recht der Gräber. Das haben wir in den Zwölf Tafeln, sicherlich nach der Natur, die des Gesetzes Richtschnur ist. Das übrige ruht in der Sitte, daß das Leichenbegängnis angesagt wird, wenn es irgendwelche Spiele dabei gibt, daß der Veranstalter des Begängnisses einen Gehilfen und Liktoren haben soll, (62) daß die Ruhmestaten geehrter Männer in der Versammlung vorgetragen werden sollen und der Gesang zum Flötenspieler, der den Namen Nenie hat, ein Wort, mit dem auch bei den Griechen die Trauergesänge benannt werden, diese umrahme.

Atticus: Ich freue mich, daß unsere Rechtsbestimmungen an die Natur angepaßt sind, und ergötze mich sehr an der Weisheit der Vorfahren. Aber ich vermisse noch das Maß wie im übrigen Aufwand so der Gräber.

Marcus: Zu Recht vermißt du es. Bis zu welchem Aufwand nämlich diese Sache sich jetzt gesteigert hat, hast du, glaube ich, am Grabmal des Gaius Figulus gesehen. Daß einst die Begierde danach sehr gering gewesen ist, dafür gibt es noch viele Beispiele der Vorfahren. Die Ausleger unseres Gesetzes jedenfalls sollen in dem Abschnitt, in dem ihnen geheißen wird, Aufwand und Klage vom Recht der zu Göttern gewordenen Toten fernzuhalten, dies insbesondere begreifen, daß die Pracht der Gräber vermindert werden muß. (63) Und das ist von den weisesten Verfassern von Gesetzen nicht vernachlässigt worden. Denn auch in Athen ist schon von Kekrops an, wie sie nach ihrer Sitte sagen, folgendes Bestattungsrecht gültig geblieben, daß, wenn die Nächsten geopfert hatten und die Erde darübergetan war, diese mit Getreide besät wurde, damit Busen und Schoß der Mutter dem Toten gegeben, der Boden aber, durch die Feldfrucht entsühnt, den Lebenden zurückerstattet wurde. Es folgten Totenmähler, welche die Verwandten bekränzt begingen. Wenn vor denen über den Ruhm des Toten, falls etwas Wahres vorlag, vorgetragen worden war – denn lügen wurde für Sünde gehalten –, waren die geforderten Bräuche erfüllt. (64) Später, als die Leichenbegängnisse, wie Demetrios von Phaleron schreibt, aufwendig und von Jammern erfüllt zu werden begannen, ist das aufgehoben worden durch Solons Gesetz. Dieses Gesetz haben fast in denselben Worten unsere Zehn Männer in die zehnte Tafel eingefügt. Denn das mit den drei Überwürfen und das meiste andere stammt von Solon. Über das Jammern aber ist wörtlich wiedergegeben worden: »Die Frauen sollen die Wangen nicht zerkratzen und kein Klagegeschrei des Begräbnisses wegen anstimmen.«

Was die Gräber aber betrifft, steht bei Solon nichts weiter, als daß keiner sie zerstören und nicht einen Fremden hineinlegen soll, und es steht Strafe darauf, wenn einer einen Grabhügel – denn der wird wohl, glaube ich, τύμβος genannt – oder ein Denkmal, wie er sagt, oder eine Säule beschädigt, gestürzt, zerstört hat. Ziemlich viel später aber ist wegen der Größe der Gräber, die wir auf dem Kerameikos sehen, durch Gesetz bestimmt worden, daß keiner ein Grab errichte mit mehr Mühe, als was zehn Männer in drei Tagen schaffen, (65) und es war nicht erlaubt, es mit Stukkatur auszuschmücken oder Hermen, wie sie sie nennen, daraufzustellen, und über den Ruhm des Toten war es erlaubt nur bei öffentlichen Begräbnissen zu reden und nur von dem, der von Staats wegen dazu bestimmt worden war. Aufgehoben worden war auch der große Besuch von Männern und Frauen, um dadurch das Jammern zu vermindern; vergrößert doch ein Zusammenlauf von Menschen das Klagen. (66) Deshalb verbietet Pittacus überhaupt jedem, am Leichenbegängnis anderer teilzunehmen. Aber es sagt wiederum derselbe Demetrius, es sei eine solche Großartigkeit der Leichenbegängnisse und Grabstätten eingerissen, wie sie jetzt etwa in Rom herrscht. Diese Gewohnheit hat er selbst durch ein Gesetz eingeschränkt. Es war dieser Mann, wie ihr wißt, nämlich nicht nur hochgelehrt, sondern für das Gemeinwesen ein besonders nützlicher und im Schützen des Staates erfahrener Bürger. Der also minderte den Aufwand nicht nur durch Strafe, sondern auch durch die Tageszeit: er befahl nämlich, vor Sonnenaufgang zu bestatten. Für neue Grabmäler setzte er ein Maß fest; denn über den Erdhügel ragend sollte nach seinem Willen nichts aufgestellt werden außer einem Säulchen nicht höher als drei Ellen oder einem Tisch oder einem Becken, und über die Durchführung hatte er einen bestimmten Beamten gesetzt.

(67) Dies also deine Athener. Aber sehen wir Plato an, der die Pflichten bei den Leichenbegängnissen an die Ausleger der religiösen Erfordernisse verweist; diesen Brauch halten wir auch fest. Über die Gräber sagt er folgendes. Er verbietet, vom bebauten Land oder solchem, das bebaut werden kann, irgendeinen Teil zu nehmen für ein Grab; vielmehr ein so geartetes Feld, daß es nur so viel leisten kann, die Körper der Toten ohne Schaden für die Lebenden aufzunehmen, das solle man am ehesten füllen; das Land aber, das Feldfrüchte tragen und wie eine Mutter Nahrung spenden könne, das solle keiner uns verkleinern, weder Lebendiger noch Toter. (68) Aufzurichten aber verbietet er ein Grabmal höher, als daß es fünf Männer in fünf Tagen vollenden könnten, und aus Stein nicht mehr herauszuarbeiten und daraufzustellen, als was das Lob, eingemeißelt in nicht mehr als vier heroischen Versen, die Ennius Langverse nennt, aufnehmen kann. So haben wir also die verbindliche Ansicht dieses bedeutendsten Mannes über die Gräber. Von ihm wird weiter der Aufwand der Begräbnisse nach der Einkommensschätzung von fünf Minen bis zu einer Mine begrenzt. Anschließend sagt er dasselbe über jene Unsterblichkeit der Seelen und die nach dem Tode verbleibende Ruhe der Guten, die Strafen der Frevler.

(69) Damit habt ihr, wie ich denke, den ganzen Bereich der sakralen Gesetze dargelegt.

Quintus: Gewiß, Bruder, und mit reicher Beredsamkeit; aber fahre im übrigen fort.

Marcus: Ich werde es tun, und da es euch ja einfiel, mich zu diesen Dingen anzutreiben, werde ich es im heutigen Gespräch zu Ende bringen, zumal an einem

Tage wie heute. Ich sehe nämlich, Plato hat dasselbe getan, und seine ganze Darlegung über die Gesetze ist an einem Sommertag durchgeführt worden. So werde ich es also auch tun, und werde sprechen über die Ämter. Das ist es nämlich wirklich, was nach Einrichtung des Gottesdienstes das Gemeinwesen am meisten zusammenhält.

Atticus: Du aber sprich und halte an der Art, wie begonnen, fest.

DRITTES BUCH

(1) *Marcus:* Ich werde also, wie ich begann, jenem göttlichen Mann folgen, den ich, von einer gewissen Bewunderung erfüllt, vielleicht öfter lobe, als es notwendig ist.

Atticus: Du meinst natürlich Plato.

Marcus: Eben den.

Atticus: Du aber dürftest ihn nie zu sehr und nicht zu oft loben. Denn dies gestatten mir sogar unsere bekannten Mitschüler, die niemanden loben lassen wollen als ihren Meister, daß ich ihn nach meinem Gutdünken liebe.

Marcus: Daran tun sie gut. Denn was ist deines erlesenen Geschmacks würdiger? Du, dessen Leben und Rede mir jene schwierigste Vereinigung von Strenge und Menschlichkeit erlangt zu haben scheinen.

Atticus: Da freue ich mich allerdings, daß ich dich unterbrochen habe, da du mir ein so herrliches Zeugnis deines Urteils gegeben hast. Doch fahre fort, wie du begannst.

Marcus: Wollen wir also zuerst das Gesetz an sich mit wahrhaften und seiner Art gemäßen Lobesreden rühmen?

Atticus: Freilich, wie du es in Hinsicht auf das Gesetz über den Gottesdienst getan hast.

(2) *Marcus:* Ihr seht also, daß die Bedeutung des Beamteten darin liegt, daß er an der Spitze steht und das Rechte, Nützliche und Gesetzmäßige vorschreibt.

Wie nämlich den Beamteten die Gesetze, so stehen dem Volke die Beamteten vor, und es kann in Wahrheit gesagt werden, daß der Beamtete ein sprechendes Gesetz, das Gesetz aber ein stummer Magistrat ist. (3) Nichts ist weiter so passend zum Recht und zur Lage der Natur – wenn ich das sage, möchte ich es so verstanden wissen, daß das Gesetz von mir gemeint wird – als die Befehlsgewalt, ohne die weder ein Hauswesen noch ein Staat oder ein Stamm, noch das ganze Menschengeschlecht, noch die ganze Welt, noch das Weltall selbst bestehen kann. Denn dies gehorcht Gott, und Meere und Länder sind ihm erbötig, und das Leben der Menschen richtet sich nach den Befehlen des höchsten Gesetzes. (4) Und um zu dem Diesseitigeren hier und uns Bekannteren zu kommen: alle alten Völker haben einst Königen gehorcht. Diese Art der Befehlsgewalt wurde zum ersten Male auf die gerechtesten und weisesten Männer übertragen (und dieser Grundsatz hatte auch in unserem Gemeinwesen besonders Geltung, solange königliche Amtsmacht ihm vorstand), darauf wurde sie der Reihe nach den Nachkommen weitergegeben, eine Sitte, die auch bei denen, die jetzt noch als Könige herrschen, dauert. Die aber, denen königliche Macht nicht zusagte, die wollten nicht niemandem, sondern nur nicht immer einem einzigen gehorchen. Da wir aber ja freien Völkern Gesetze geben und in sechs Büchern vorher gesagt haben, was wir über das beste Gemeinwesen denken, werden jetzt die Gesetze dem Zustand des Staates angepaßt, den wir gutheißen. (5) Beamtete also sind nötig, ohne deren Klugheit und Umsicht eine Gemeinde nicht sein kann und in deren Verteilung die ganze Lenkung des Gemeinwesens beschlossen ist. Und denen ist nicht nur das Maß des Befehlens, sondern auch den Bürgern das des Gehorchens vorzuschreiben. Denn wer gut befiehlt, muß notwendig einmal gehorcht haben, und wer bescheiden gehorcht, scheint wert zu sein, einmal zu befehlen. Darum muß der, welcher gehorcht, die Hoffnung haben, er werde zu irgendeiner Zeit befehlen, und der, welcher befiehlt, daran denken, daß er in Kürze gehorchen muß. Nicht nur aber, daß sie den Beamteten gehorchen und folgen, sondern auch, daß sie sie ehren und lieben, schreiben wir vor, wie es Charondas in seinen Gesetzen tut. Unser Plato aber behauptet, aus dem Geschlecht der Titanen seien die, welche wie jene den Himmlischen, so diese den Beamteten entgegentreten. Da dies so ist, wollen wir, wenn es recht ist, zu den Gesetzen selber kommen.

Atticus: Mir gefällt sowohl dies, was du gesagt, wie die Reihenfolge.

(6) *Marcus:* Gerecht sollen die Befehlsgewalten sein, und ihnen sollen die Bürger fügsam und ohne Weigern gehorchen. Der Beamtete soll einen unbotmäßigen und schuldigen Bürger mit Geldstrafe, Haft oder Züchtigung zur Ordnung rufen, wenn nicht eine gleiche oder größere Amtsgewalt oder das Volk es hindert, an welche die Berufung statthaben soll. Wenn der Beamtete geurteilt und verhängt hat, soll durch das Volk die Bestimmung der Buße und Strafe erfolgen. Im Krieg soll es keine Berufung gegen den geben, der befiehlt, und was der, welcher Krieg führt, befiehlt, soll Recht und gültig sein.

Die geringeren Beamteten sollen von geteilter Rechtsbefugnis, und zwar mehrere für mehrere Gebiete sein.

Im Kriege sollen sie denen befehlen, denen sie es geheißen sind, und sollen ihre Tribunen sein. Daheim sollen sie die Staatsgelder hüten, die Gefängnisse der Schuldigen verwahren, todeswürdige Verbrecher bestrafen, Erz, Silber oder Gold von Staats wegen prägen, anhängige Streitigkeiten richten, was der Senat beschlossen hat, alles durchführen.

(7) Und es sollen Ädilen die Besorger der Stadt, der Getreideversorgung und der feierlichen Spiele sein, und ihnen soll zur Stufe einer größeren Ehrenstelle dies der erste Anstieg sein.

Die Zensoren sollen des Volkes Altersklassen, Nachwuchs, Haushalte und Vermögen schätzen, der Stadt Häuser, Tempel, Straßen, Wasser, Kasse und Zölle sollen sie schützen und die Teile des Volkes in Tribus einteilen, darauf sollen sie die Vermögen, Jahrgänge, Stände aufteilen, der Reiter und des Fußvolkes Nachwuchs einordnen, unverheiratet zu sein, sollen sie hindern, die Sitten des Volkes lenken, Schande auf dem Senat nicht sitzenlassen. Es sollen zwei sein; sie sollen ein fünfjähriges Amt innehaben; die übrigen Beamteten sollen einjährig sein; und diese Amtsgewalt soll es immer geben.

(8) Ordner des Rechts, der Privates entscheiden oder zu entscheiden heißen soll, sei der Prätor. Der soll der Hüter des Rechtes des Gemeinwesens sein. Diesem sollen von gleicher Amtsgewalt, wie viele der Senat beschließt oder das Volk gebietet, so viele zur Verfügung stehen.

Von königlicher Befehlsgewalt sollen zwei sein, und diese sollen vom An-der-Spitze-Gehen, vom Richten, vom Sorgen Prätoren, Richter, Konsuln geheißen werden. Im Krieg sollen sie höchste Rechtsvollmacht haben, keinem gehorchen. Ihnen soll die Unversehrtheit des Volkes oberstes Gebot sein.

(9) Dasselbe Amt, es seien denn zehn Jahre dazwischen, soll keiner ergreifen. Den Jahrgang sollen sie nach dem Jahresgesetz beachten.

Aber wenn ein schwererer Krieg oder Bürgerzwietracht herrscht, soll einer nicht mehr als sechs Monate lang, wenn der Senat entschieden hat, dasselbe an Recht wie die zwei Konsuln innehaben, und der, unter günstigem Vorzeichen ernannt, soll Meister des Volkes sein und soll einen haben, der die Reiterei befehligt, gleichen Rechts mit dem, der Ordner des Rechts ist.

Aber wenn es Konsuln und den Magister populi nicht gibt, soll es die übrigen Beamteten nicht geben, sondern die Auspizien bei den Vätern sein, und diese sollen aus ihrer Mitte einen ernennen, der in einer Wahlversammlung nach dem Recht Konsuln wählen lassen kann.

Befehlsgewalten, Amtsgewalten, Gesandtschaften sollen, wenn der Senat entschieden oder das Volk es befohlen hat, die Stadt verlassen, sollen gerechte Kriege gerecht führen, die Bundesgenossen schonen, sich und die Ihren im Zaume halten, des Volkes Ruhm mehren, nach Hause mit Ruhm zurückkehren.

In eigener Sache soll keiner Gesandter sein.

Die, welche das Volk zum Schutze gegen Gewalt der Hilfe wegen in einer Zahl von zehn gewählt hat, die sollen seine Tribunen sein, und sie sollen das Volk nicht verwaist von seinen Tribunen lassen.

(10) Alle Beamteten sollen das Recht haben, die Auspizien anzustellen und Gerichtsbarkeit haben, und

aus ihnen soll der Senat bestehen. Dessen Entscheide sollen gültig sein. Aber gleiche oder größere Amtsmacht mag sie hindern: dann sollen sie sie aufgeschrieben aufheben.

Dieser Stand soll frei sein von Mängeln, den übrigen soll er ein Vorbild sein.

Wahl der Beamteten, Urteile des Volkes, Geheiße, Verbote, wenn sie gemeinsam beschlossen werden, so sollen die Stimmen den Besten bekannt, dem Volke frei sein.

Aber wenn es etwas gibt, was außerhalb der Ämter zu besorgen nützlich ist, soll das Volk wählen, wer das besorgt, und ihm das Recht geben, es zu besorgen.

Das Recht, mit dem Volk und den Vätern zu verhandeln, soll haben Konsul, Prätor, Magister populi und Magister equitum und der, den die Väter ernennen, um Konsuln wählen zu lassen; und den Tribunen, die sich das Volk gewählt hat, soll das Recht zustehen, mit den Vätern zu verhandeln; ebendieselben sollen, was nötig ist, vor das Volk bringen.

Was mit dem Volk und was unter den Vätern verhandelt wird, soll maßvoll sein.

(11) Der Senator, der nicht anwesend ist, soll Grund oder Schuld haben. Der Senator soll an seiner Stelle und mit Maß reden, die Anliegen des Volkes soll er beherrschen.

Gewalt soll im Volke fern sein. Die gleiche oder größere Amtsgewalt soll größere Geltung haben. Wenn aber im Handeln Unruhe gestiftet worden ist, soll es Tücke des Handelnden sein. Der Verhinderer bösen Tuns soll ein heilbringender Bürger sein.

Die, welche handeln, sollen die Vorzeichen beachten,

dem Augur des Staates gehorchen, Angekündigtes, im Ärarium Angeschlagenes, Bekanntes betreiben; und sie sollen über jedes nicht mehr als einmal befragen, das Volk über den Gegenstand belehren, sich von Beamteten und Privaten belehren zu lassen ertragen.

Sondergesetze sollen sie nicht einbringen. Über die Existenz eines Bürgers sollen sie nur in der größten Volksversammlung und durch jene, welche die Zensoren unter die Teile des Volkes gerechnet haben, Vorlagen einbringen.

Ein Geschenk sollen sie nicht nehmen noch geben, weder bei der Bewerbung noch der Führung, noch nach der Beendigung der Amtsgewalt. Was einer hiervon übertreten hat, so soll die Buße der Schuld gleich sein.

Die Zensoren sollen die Zuverlässigkeit der Gesetze hüten. Als Privatleute sollen sie ihnen Rechenschaft ablegen über ihre Amtshandlungen, sollen aber darum nicht mehr vom Gesetz frei sein.

Das Gesetz ist vorgelesen: ich werde heißen, sich zu ordnen und die Stimmtafel abzugeben.

(12) *Quintus:* In welcher Kürze, Bruder, ist von dir die ganze Ordnung der Ämter vor Augen gestellt worden, aber sie ist fast die unseres Staates, wenn von dir auch ein wenig Neues hinzugebracht wurde.

Marcus: Mit bestem Recht, Quintus, bemerkst du das. Es ist nämlich die Ordnung des Gemeinwesens, die Scipio in jenen Büchern lobt und besonders gutheißt, die nicht hätte bewirkt werden können außer durch eine solche Verteilung der Ämter. Denn seid überzeugt, daß das Gemeinwesen von den Ämtern und denen, die an der Spitze stehen, zusammengehalten wird und daß aus ihrer Zusammenfügung erkannt wird, was die Gat-

tung jedes Gemeinwesens ist. Da dies von unseren Vorfahren überaus weise und maßvoll eingerichtet worden war, hatte ich freilich nichts oder nicht viel, was ich nach meiner Ansicht hätte ändern müssen.

(13) *Atticus:* Du wirst uns also gewähren, wie du es beim Gesetz über die religiösen Pflichten auf meine Erinnerung und Bitte getan hast, daß du darüber sprichst, aus welchen Gründen dir diese Verteilung am meisten gefällt.

Marcus: Ich werde tun, wie du willst, Atticus, und werde diesen ganzen Sachzusammenhang, wie die gelehrtesten Griechen darüber geforscht und diskutiert haben, darlegen und, wie ich begonnen, unsere Rechtssätze dabei anrühren.

Atticus: Diese Art der Erörterung erwarte ich besonders.

Marcus: Sehr vieles ist jedoch in jenen Büchern gesagt. Das mußte ich tun, als über das beste Gemeinwesen geforscht wurde. Aber unserer Untersuchung sind bestimmte Fragen über die Ämter zugehörig, die zum ersten Male von Theophrast, danach vom Stoiker Diogenes genauer untersucht worden sind.

(14) *Atticus:* Wirklich? Auch von den Stoikern sind diese Fragen behandelt worden?

Marcus: Ja, freilich nur von dem, den ich eben nannte, und später von einem großen und besonders gebildeten Mann, Panaitios. Denn die alten Stoiker haben formal scharfsinnig zwar, aber nicht für diesen volksmäßigen und politischen Gebrauch über das Gemeinwesen gesprochen. Das ging mehr von der Akademie aus unter der Führung Platos. Danach hat Aristoteles diesen ganzen politischen Bereich in der philoso-

phischen Diskussion geklärt, und Herakleides vom Pontus, ausgehend von demselben Plato, Theophrast gar, unterrichtet von Aristoteles, waren heimisch in dieser Gattung des Wissens, und der von demselben Aristoteles geschulte Dikaiarch war dieser Weise und Bemühung nicht fern. Nach Theophrast hat jener Demetrios von Phaleron, den ich oben erwähnt habe, in bewundernswerter Weise die Lehre aus den Studierstuben und der Ruhe der Gelehrten nicht nur in die Sonne und den Staub, sondern in die Entscheidung und die Schlacht selbst geführt. Denn mäßig gelehrte Männer, die groß im Gemeinwesen waren, und sehr gelehrte Männer, die sich nicht allzusehr im Gemeinwesen betätigten, können wir viele erwähnen: einen aber, der in beiden herausragte, daß er in den gelehrten Studien ebenso wie in der Leitung des Staates führend gewesen wäre, wer ließe sich leicht außer diesem finden?

Atticus: Ich denke, man könnte ihn finden, und zwar einen von uns dreien. Aber fahre fort, wie du begannst.

(15) *Marcus:* Es wurde also von jenen Männern gefragt, ob es richtig sei, daß es in einem Staate ein einziges Amt gäbe, dem die übrigen gehorchen. Das schien nach Vertreibung der Könige auch unseren Vorfahren gut, wie ich weiß. Aber da ja die königliche Art des Staates, einst gebilligt, später nicht so sehr wegen der Fehler des Königtums als vielmehr des Königs abgelehnt worden ist, wird man erkennen, daß nur der Name König verschmäht wurde; die Sache wird bleiben, wenn einer allen übrigen Beamteten gebieten wird. (16) Darum wurden nicht ohne Grund in Sparta von Theopomp den Königen die Ephoren entgegengestellt, bei uns aber

den Konsuln die Tribunen. Denn eben jenes, was im Recht liegt, besitzt der Konsul, daß ihm die übrigen Beamteten alle gehorchen, mit Ausnahme des Tribunen, der später entstand, damit es nicht gäbe, was es früher gegeben hatte. Das nämlich minderte das Recht des Konsuls zum ersten Male, daß der erstand, der selber von ihm nicht gebunden wurde, dann, weil er nicht nur den übrigen Beamteten Hilfe brachte, sondern auch Privatleuten, die dem Konsul nicht gehorchten.

(17) *Quintus:* Du nennst ein großes Übel. Denn als diese Amtsmacht entstanden war, brach der Einfluß der Optimaten zusammen, und es gewann an Kraft die Macht der Menge.

Marcus: So ist es nicht, Quintus, denn notwendig mußte jenes Recht nicht nur dem Volke zu anmaßend und gewaltsam erscheinen. Als später eine maßvolle und weise Milderung hinzukam, änderte sich das ... *Lücke* ... das Gesetz für alle ist.

(18) »Nach Hause sollen sie mit Ruhm zurückkehren.« Nichts nämlich außer Ruhm dürfen rechtschaffene und einwandfreie Männer von den Feinden und den Bundesgenossen heimbringen.

Jenes liegt in der Tat offen zutage, daß nichts schimpflicher ist, als daß einer auf Reisen geschickt wird, es sei denn, um des Gemeinwesens willen. Ich spreche nicht davon, wie die sich führen und geführt haben, die auf Beurlaubung Erbschaften oder Schuldverschreibungen betreiben. Es liegt dieses Laster vielleicht im Menschen, aber ich frage, was in Wirklichkeit schimpflicher ist als ein Senator auf Reisen ohne Aufgabe, ohne Auftrag, ohne irgendein Amt des Gemeinwesens? Diese Art von Beurlaubung hätte ich als

Konsul, obwohl sie auf den Vorteil des Senates sich zu beziehen schien, dennoch unter Billigung eines voll besuchten Senates aufgehoben, wenn mir nicht ein leichtfertiger Volkstribun damals Einspruch erhoben hätte. Ich habe aber die Zeit gekürzt, und was unbefristet war, habe ich auf ein Jahr begrenzt. So bleibt die Schande, wobei freilich ihre Länge beseitigt ist. Aber nun wollen wir die Provinzen verlassen und in die Stadt zurückkehren.

Atticus: Uns ist das wahrlich recht, aber denen, die in den Provinzen sind, gefällt das keineswegs.

(19) *Marcus:* Aber wenn sie, Titus, diesen Gesetzen gehorchen, wird ihnen nichts süßer sein als die Stadt, nichts als ihr Haus und nichts mühseliger und lästiger als die Provinz.

Es folgt aber das Gesetz, welches die Amtsgewalt der Volkstribunen begründet, die in unserem Gemeinwesen vorhanden ist. Über sie braucht nichts gesagt zu werden.

Quintus: Aber ich, beim Hercules, Bruder, ich frage, was du über diese Amtsgewalt denkst. Denn mir scheint sie verderbenbringend, zumal da sie in Aufruhr und zum Zwecke des Aufruhrs geboren wurde. Wenn wir uns an ihr erstes Erstehen erinnern wollen, sehen wir, daß der Tribunat unter den Waffen der Bürger und nach Besetzung und Belagerung von Plätzen der Stadt geschaffen worden ist. Dann, nachdem er schnell getötet worden war, wie nach den Zwölf Tafeln ein Knabe, der auffallend ist hinsichtlich seiner Entstellung, wurde er, ich weiß nicht wie, wieder gesund und erstand viel scheußlicher und häßlicher. Denn was hat dieser nicht an den Tag gelegt? Er, der zuerst, wie es sich für einen Frevler gehörte, den Vätern alle Ehre raubte, alles, das Niedrigste mit dem Höchsten, gleichmachte, in Unordnung brachte, durcheinandermischte. Als er das Gewicht der führenden Männer zu Boden geworfen hatte, hat er doch niemals Ruhe gegeben. (20) Denn um Gaius Flaminius und das, was wegen der langen Zeit schon altehrwürdig ist, beiseite zu lassen: was an Recht hat der Tribunat des Tiberius Gracchus den staatserhaltenden guten Männern übriggelassen? Dabei hat ein Jahrfünft vorher die Konsuln Decimus Brutus und Publius Scipio – was für große Männer! – der allerniedrigste und schmutzigste Mensch, der Volkstribun Gaius Curiatius, in den Kerker geworfen, was vorher nie getan worden war. Der Tribunat des Gaius Gracchus aber, hat der nicht mit den Dolchen, die er selber auf das Forum geworfen zu haben behauptete, daß sich die Bürger damit untereinander zerfleischten, den ganzen geordneten Zustand des Gemeinwesens in Verwirrung gebracht? Was soll ich gar über Saturninus, Sulpicius und die übrigen sagen? Diese konnte das Gemeinwesen ohne Schwert nicht einmal von sich abwehren. (21) Warum aber soll ich Altes oder Fremdes lieber als uns Angehendes und Frisches vorbringen? Wer wäre jemals so verwegen, uns so feindlich gewesen, daß er je daran gedacht hätte, unsere Stellung zu erschüttern, wenn er nicht irgendeinen tribunizischen Dolch gegen uns hätte wetzen können? Als den die verbrecherischen und verruchten Männer nicht nur in keinem Haus, sondern nicht einmal in einer Sippe finden konnten, glaubten sie, sie müßten die Sippen in der Finsternis des Gemeinwesens in Unordnung bringen. Für uns ist dies großartig und rühmlich für die

Ewigkeit des Gedächtnisses, daß sich um keinen Lohn ein Volkstribun finden ließ außer dem, der nicht einmal Tribun hätte sein dürfen. (22) Aber dieser: was hat er für ein Gemetzel angerichtet! Ein solches natürlich, das ohne Sinn und ohne irgendeine gute Hoffnung das Rasen einer unreinen Bestie anrichten konnte, das noch dazu angefacht war von dem Toben vieler anderer. Darum billige ich in dieser Sache Sulla sehr, der den Volkstribunen durch sein Gesetz die Möglichkeit, Unrecht zuzufügen, genommen, Hilfe zu bringen, gelassen hat, und unseren Pompeius erhebe ich in allen übrigen Dingen mit den größten und höchsten Lobsprüchen, hinsichtlich der tribunizischen Gewalt schweige ich. Denn ich möchte nicht tadeln, kann aber nicht loben.

(23) *Marcus:* Die Fehler des Tribunates durchschaust du vortrefflich, Quintus, aber unbillig ist bei jeder Anklage die Aufzählung des Schlechten unter Übergehen des Guten und das Aussuchen der Mängel. Denn auf diese Weise kann auch das Konsulat getadelt werden, wenn du die Verfehlungen der Konsuln, die ich nicht aufzählen will, sammelst. Ich gebe nämlich zu, daß dieser Amtsmacht an sich etwas Böses innewohnt, aber das Gute, das man in ihr gesucht hat, hätten wir ohne dieses Üble nicht. »Allzu groß ist die Amtsgewalt der Volkstribunen.« Wer streitet es ab? Aber die Gewalttätigkeit des Volkes ist viel grausamer und viel heftiger. Wenn sie einen Führer hat, ist sie bisweilen milder, als wenn sie keinen hätte. Der Führer denkt nämlich daran, daß er unter persönlicher Gefahr sich vorwagt, der Ansturm des Volkes nimmt keine Rücksicht auf seine Gefahr: »Aber bisweilen wird

es aufgeputscht.« (24) Und oft wird es auch beruhigt. Welches Kollegium ist denn so verworfen, daß in ihm niemand von den zehn gesunden Sinnes wäre? Ja den Tiberius Gracchus hat sogar ein nicht nur unbeachteter, sondern sogar beseitigter Widersacher gestürzt. Denn was hat ihn anderes zu Boden geschlagen, als daß er dem Kollegen die Macht, Einspruch zu erheben, aberkannte? Du aber sieh auch die Weisheit der Vorfahren hierbei: als diese Amtsgewalt von den Vätern dem Volke zugestanden war, sanken die Waffen, der Aufruhr erlosch, es fand sich ein Ausgleichsmittel, dank dem die Bescheideneren mit den führenden Männern gleichgestellt wurden, wie sie glaubten. Hierin allein lag das Heil des Staates. »Aber es hat die beiden Gracchen gegeben!« Und außer ihnen magst du noch so viele aufzählen: wenn zehn gewählt werden, wirst du zu allen Zeiten einige schädliche Tribunen finden, leichtfertige auch, nicht gute, vielleicht in der Überzahl: der höchste Stand ist jedenfalls von Mißgunst frei, das Volk erregt keine gefährlichen Kämpfe um sein Recht. (25) Darum hätte man entweder die Könige nicht vertreiben dürfen, oder man mußte dem Volke in Wirklichkeit, nicht bloß dem Wort nach die Freiheit geben. Diese wurde ihm aber in der Weise gegeben, daß es durch viele vortreffliche Einrichtungen dazu geführt wurde, dem begründeten Einfluß der führenden Männer den Vorrang zu geben. Unser Fall aber, bester und liebster Bruder, der in die tribunizische Amtsgewalt geriet, hat keinen Streitpunkt gegen den Tribunat. Nicht nämlich das Volk mißgönnte uns aufgewiegelt unsere Stellung, sondern die Gefängnisse wurden geöffnet und die Sklaven aufgeputscht, in Verbindung sogar mit militärischem Terror. Und wir lagen damals im Kampfe nicht mit dieser Pest, sondern mit der ernstesten Krise des Gemeinwesens. Wenn ich auf diese nicht Rücksicht genommen hätte, hätte das Vaterland keinen dauernden Genuß meiner Tat davongetragen. Und das zeigt der Ausgang der Dinge: Wo gab es denn nicht nur einen Freien, sondern auch einen Sklaven, der der Freiheit wert war, dem unsere Unversehrtheit nicht teuer gewesen wäre? (26) Wenn der Ausgang der Dinge, die wir für das Heil des Staates getan haben, aber so gewesen wäre, daß er nicht allen angenehm gewesen wäre, und wenn uns der entfachte Haß der wütenden Masse vertrieben hätte und die tribunizische Amtsgewalt gegen mich das Volk aufgehetzt hätte, wie Gracchus gegen Laenas, Saturninus gegen Metellus, würden wir es, o Bruder Quintus, tragen, und es würden uns nicht so sehr die Philosophen, die es in Athen gab [die dies tun müssen], als vielmehr die hochberühmten Männer trösten, die, aus jener Stadt vertrieben, lieber eine undankbare Gemeinde entbehren als in einer schlechten bleiben wollten. Wenn du aber den Pompeius allein in dieser einen Angelegenheit nicht recht billigst, scheinst du mir kaum zureichend zu bemerken, daß er nicht nur darauf schauen mußte, was am besten wäre, sondern auch, was notwendig. Er spürte nämlich, daß man diesem Staate diese Amtsgewalt nicht schuldig bleiben könne. Denn wie hätte unser Volk sie, die es so sehr, obwohl noch unbekannt, verlangte, entbehren können, nachdem es sie kennengelernt hatte? Es war aber andererseits die Aufgabe eines weisen Bürgers, eine Sache, die nicht verderbenbringend und so volkstümlich war, daß man nicht widerstehen konnte, nicht einem Bürger zu überlassen, der in verderblicher Weise nach Volksgunst haschte. – Du weißt, Bruder, daß man in einem Gespräch unserer Art, damit man zu einem anderen Punkte übergehen kann, zu sagen pflegt: »Jawohl«, oder: »So ist es wirklich«.

Quintus: Ich stimme nicht zu. Du aber fahre mit dem Übrigen fort, bitte.

Marcus: Du bist hartnäckig und verharrst bei deiner alten Gesinnung.

Atticus: Auch ich stimme unserem Quintus freilich zu. Aber wollen wir hören, was aussteht.

(27) *Marcus:* Darauf werden also allen Beamteten die Auspizien und Gerichtshoheit gegeben: die Gerichtshoheit, damit das Volk die Macht hätte, auf die man sich berufen könne, die Auspizien, damit einleuchtende Aufschübe viele unnütze Versammlungen hindern könnten. Oft nämlich haben eine ungerechte Aufregung des Volkes durch Vorzeichen die unsterblichen Götter zurückgedrängt.

Wenn aber der Senat aus denen, die ein Amt gehabt haben, zustande kommt, so ist es freilich demokratisch, daß niemand in den höchsten Stand kommen kann außer durch das Volk unter Aufhebung der zensorischen Zuwahl. Aber gleich ist auch die Milderung dieses Fehlers zur Hand, weil durch unser Gesetz die Autorität des Senates gefestigt wird. (28) Es folgt nämlich: »Seine Entscheide sollen gültig sein.« Denn so verhält sich die Sache: Wenn der Senat Herr ist der öffentlichen Entscheidung und alle verteidigen, was er bestimmt hat, und wenn die übrigen Stände wünschen, daß nach dem Plan des führenden Standes das Gemeinwesen gesteuert werde, kann aus dem Ausgleich des Rechts, wenn Macht beim Volke, wirkendes Ansehen beim Senat liegt, jener gemäßigte und einträchtige Zustand des Staates innegehalten werden, zumal wenn man dem nächsten Gesetze gehorcht; denn das nächste lautet: »Der Stand soll frei sein von Fehl, den übrigen soll er ein Vorbild sein.«

Quintus: Vortrefflich, Bruder, ist dieses Gesetz; aber das ist erstens ein weites Feld, daß der Stand von Fehl frei sein soll, und es verlangt den Zensor als Ausleger.

(29) *Atticus:* Wenn auch dieser ganze Stand der deine ist und das dankbarste Gedächtnis an dein Konsulat bewahrt, möchte ich doch, ohne dich zu kränken, sagen: Er kann nicht nur alle Zensoren, sondern auch alle Richter zur Verzweiflung bringen.

Marcus: Sprich nicht davon, Atticus! Denn meine Rede wird nicht über den jetzigen Senat und über die Menschen, die heute leben, gehalten, sondern über die zukünftigen, wenn solche vielleicht diesen Gesetzen gehorchen wollten. Denn da das Gesetz befiehlt, von jedem Fehl solle er frei sein, wird in diesen Stand auch niemand hineinkommen, der teilhat an einem Mangel. Das ist freilich wiederum schwer zu erreichen, es sei denn durch eine Art Erziehung und Ordnung; über sie werden wir vielleicht etwas sagen, wenn etwas Gelegenheit oder Zeit zur Verfügung steht.

(30) *Atticus:* Die Gelegenheit wird sicher nicht fehlen, da du ja die Reihe der Gesetze einhältst; Zeit gibt uns in Fülle die Länge des Tages. Ich aber werde, auch wenn du sie übergehst, diese Darlegungen über Erziehung und Ordnung einfordern.

Marcus: Du fordere sie ein, Atticus, und auch wenn ich einen anderen Punkt übergehe!

»Den übrigen soll er ein Vorbild sein.« Wenn wir das festhalten, halten wir alles in den Händen. Wie nämlich durch die Begierden und Laster der führenden Männer der ganze Staat angesteckt zu werden pflegt, so wird er verbessert und zurechtgerückt durch ihre Selbstbeherrschung. Der bedeutende und uns allen befreundete Lucius Lucullus war in aller Munde, als habe er überaus treffend geantwortet, nachdem ihm die Pracht seiner Villa in Tusculum vorgehalten worden war: er habe zwei Nachbarn, oben einen römischen Ritter, unten einen Freigelassenen; da deren Villen prächtig seien, müsse ihm gestattet werden, was denen erlaubt sei, die niedrigeren Standes seien. Siehst du nicht, Lucullus, daß eben das von dir ausgegangen ist, daß jene begehrlich waren, da es ihnen nicht erlaubt wäre, wenn du es nicht tätest? (31) Denn wer würde diese Leute ertragen, wenn er ihre Villen mit Statuen und Bildern vollgestopft sähe, teils staatlichen, teils sakralen und religiösen, wer würde nicht ihre Gelüste brechen, wenn nicht gerade die, welche sie brechen müßten, derselben Gier schuldig wären? Denn es ist nicht so schlimm, daß sich die führenden Männer vergehen, obwohl das an sich schon ein großes Übel ist, wie jenes, daß sehr viele Nachahmer der führenden Männer auftreten. Denn wenn du das Gedächtnis der Zeiten zurückblättern willst, kannst du sehen, daß der Staat so beschaffen war, wie die Spitzen des Staates gewesen sind; daß jede Veränderung der Sitten, die bei den führenden Männern eingetreten ist, auch beim Volke folgte. (32) Und das ist viel wahrer, als was unser Plato denkt. Dieser meint, daß sich der Zustand des Staates ändere nach Veränderung der Gesänge der Musiker, ich aber glaube, daß die Sitten der Staaten sich ändern, wenn das Leben und der Aufwand der Vornehmen sich geändert haben. Um so verderblicher machen sich verdorbene führende Männer gegenüber dem Gemeinwesen schuldig, weil sie nicht nur selber die Laster in sich aufnehmen, sondern sie in die Gemeinde einströmen lassen, und sie schaden nicht nur, weil sie selbst verdorben werden, sondern auch, weil sie verderben, und sie schaden mehr durch ihr Beispiel als ihr Vergehen. Und dieses Gesetz, verbreitert auf den ganzen Stand, läßt sich noch verengen: wenige nämlich, sehr wenige sogar, die durch Ruhm und Ehre erhöht sind, können entweder die Sitten des Staates verderben oder wieder bessern. Aber dies ist jetzt genug und ist in jenen Büchern sorgfältiger behandelt worden. Darum wollen wir zu dem Übrigen kommen.

(33) Das nächste aber ist das Gesetz über die Abstimmung. Sie soll nach meiner Anweisung den Vornehmen bekannt, dem Volke frei sein.

Atticus: Das habe ich bei Gott gemerkt, habe aber nicht recht verstanden, was das Gesetz und was diese Worte sollen.

Marcus: Ich will es dir sagen, Titus, und werde mich dabei auf einem schwierigen und viel und oft untersuchten Gebiete bewegen, ob es nämlich besser sei, die Stimme bei der Betreuung mit einem Amt, der Aburteilung eines Schuldigen, dem Beschluß eines Gesetzes oder einem Antrag geheim oder offen abzugeben.

Quintus: Ist etwa auch das zweifelhaft? Ich fürchte, daß ich wieder anderer Meinung bin als du.

Marcus: Das wird nicht sein, Quintus. Denn ich bin derselben Meinung, der du immer gewesen bist, wie ich weiß, daß bei der Abstimmung nichts besser gewesen ist als die Stimme; aber man muß auch sehen, ob es sich behaupten läßt.

(34) *Quintus:* Aber, Bruder, gestatte, daß ich das sage, diese Ansicht täuscht ganz besonders die Unerfahrenen und schadet überaus oft dem Gemeinwesen, wenn man sagt, etwas sei wahr und richtig, aber man könne es nicht behaupten, das heißt, man könne dem Volke nicht entgegentreten. Erstens nämlich läßt sich entgegentreten, wenn man streng verfährt, zweitens ist es besser, in einer guten Sache mit Gewalt unterdrückt zu werden als einer schlechteren zu weichen. Wer aber merkt nicht, daß das Stimmtafelgesetz allen Einfluß der Vornehmen hinweggetragen hat? Dieses, welches das freie Volk niemals vermißt hat, hat dasselbe, als es durch Tyrannei und Macht der führenden Männer unterdrückt war, gefordert. Daher gibt es härtere mündliche Urteile über die mächtigsten Männer als schriftliche. Aus diesem Grunde hätte man den Mächtigen die allzu große Willkür des Abstimmens in nicht guten Fällen entreißen müssen, nicht dem Volke einen Schlupfwinkel gewähren sollen, in dem, ohne daß die Guten wußten, was jeder dachte, die Stimmtafel eine verdorbene Stimmabgabe verbergen könnte. Daher fand sich für dieses Prinzip kein anständiger Mann, der es eingebracht oder angeregt hätte. (35) Es gibt nämlich vier Stimmtafelgesetze. Das erste davon über Amtsübertragung. Das ist die Gabinia, eingebracht von einem unbekannten und schäbigen Menschen. Es folgte zwei Jahre danach die Cassia über die Volks-

gerichte, eingebracht von Lucius Cassius, einem Manne aus der Nobilität, der aber, um es, ohne die Familie kränken zu wollen, zu sagen, mit den Guten im Streite lag und alles Gerede in demokratischer Tendenz aufschnappte. Das dritte über Beschluß und Zurückweisung von Gesetzen stammt von Carbo, einem aufrührerischen und verantwortungslosen Bürger, dem nicht einmal die Rückkehr zu den Guten Rettung von den Guten bringen konnte. (36) In einer einzigen Art schien die mündliche Stimmabgabe zu bleiben, die Cassius selber ausgenommen hatte, der des Hochverrats. Auch diesem Gerichtsverfahren gab Gaius Coelius die Stimmtafel, und es schmerzte ihn, solange er lebte, daß er, um Gaius Popillius niederzuzwingen, dem Gemeinwesen Schaden zugefügt hatte. Und unser Großvater jedenfalls hat mit einzigartiger Mannhaftigkeit in dieser Landstadt hier, solange er lebte, dem Marcus Gratidius Widerstand geleistet, dessen Schwester, unsere Großmutter er zur Ehe hatte, als dieser ein Stimmtafelgesetz einbrachte. Es erregte nämlich Gratidius den Sturm im Wasserglas, wie es heißt, den nachher sein Sohn Marius im Ägäischen Meere erregt hat. Und zu unserem Großvater sagte, als ihm die Sache berichtet worden war, der Konsul Marcus Scaurus: Und wenn du, Marcus Cicero, mit diesem Mut und dieser Mannhaftigkeit doch lieber mit uns im entscheidenden Gemeinwesen als im munizipalen hättest tätig sein wollen! (37) Da wir ja jetzt nicht die Gesetze des römischen Volkes mustern, sondern entweder entrissene wiedergewinnen oder neue schreiben, mußt du darum sagen, nicht was sich bei dem jetzigen Volke behaupten läßt, sondern was das beste ist, wie ich meine. Denn die

Schuld für das Gesetz des Cassius trägt dein verehrter Scipio, auf dessen Anregung hin es eingebracht worden sein soll; wenn du dagegen ein Stimmtafelgesetz einbringst, wirst du selbst dafür einstehen. Denn weder mir gefällt es noch unserem Atticus, soviel ich aus seiner Miene erkenne.

Atticus: Mir hat niemals etwas gefallen, was dem Volke Zugeständnisse macht, und ich sage, daß dies das beste Gemeinwesen ist, das in der Macht der Besten ist, was dieser Konsul hier aufgebaut hatte.

(38) *Marcus:* Ihr habt, wie ich sehe, das Gesetz ohne Stimmtafel abgelehnt. Aber ich, wenn auch Scipio in jenen Büchern zu seiner Verteidigung genug gesagt hat, gewähre doch diese Freiheit dem Volke so, daß die Guten in ihrem Einfluß stark sind und ihn gebrauchen. So wurde nämlich von mir das Gesetz über die Abstimmung vorgetragen: »Sie soll den Vornehmen bekannt, dem Volk frei sein.« Dieses Gesetz enthält den Gedanken, daß es alle Gesetze aufhebt, die später eingebracht wurden und die auf jede Weise die Stimme zudecken, daß niemand auf die Tafel schauen, niemand fragen, niemand zur Rede stellen solle. (39) Sogar die Stege machte das Gesetz des Marius eng. Wenn dies ehrgeizigen Wahlbetrügern entgegengehalten worden ist, wie es ja wohl der Fall ist, tadle ich es nicht. Wenn aber die Gesetze doch nicht die Kraft gehabt haben, zu verhindern, daß es Wahlbetrug gibt, soll ruhig das Volk sein Stimmtäfelchen als Schützer der Freiheit gleichsam haben, wenn dies nur den besten und gewichtigsten Bürgern offen gezeigt und von selbst dargeboten werden kann, damit eben in dem Punkt die Freiheit liegt, wo dem Volke das Recht gegeben wird,

auf würdige Weise den Staatserhaltern seine Dankbarkeit zu zeigen. Und deshalb geschieht jetzt das, was von dir, Quintus, eben gesagt wurde, daß das Stimmtäfelchen weniger an Zahl verurteilt, als die mündliche Stimmabgabe es zu tun pflegte, weil das Volk daran Genüge hat, etwas zu dürfen – wird das festgehalten, so überläßt der übrige Wille sich gern der größeren Bedeutung oder dem Wohlwollen. Siehst du nicht, um von Stimmen, die durch Geschenke bestochen sind, abzusehen, daß daher, wenn einmal der Stimmenfang zum Schweigen kommt, bei den Abstimmungen gefragt wird, was die besten Männer denken? Darum wird durch unser Gesetz nach außen hin Freiheit gewährt, der Einfluß der Guten beibehalten, der Grund zum Streit beseitigt. (40) Darauf folgt, wem das Recht zustehen soll, mit dem Volk oder mit dem Senat zu verhandeln. Dann das wichtige und nach meinem Dafürhalten vortreffliche Gesetz: »Was mit dem Volk und bei den Vätern verhandelt wird, soll maßvoll sein«, das heißt bescheiden und gesetzt. Der Vortragende nämlich lenkt und formt nicht nur Sinn und Willen, sondern beinahe den Gesichtsausdruck derer, vor denen er spricht. Wenn das im Senat geschieht, ist es nicht schwierig; ist doch eben der Senator derjenige, dessen Stimmung nicht vom Redner abhängt, sondern der selber an sich angesehen werden möchte. Für ihn gibt es drei Gebote: daß er anwesend ist, denn ein Gegenstand hat Gewicht, wenn der Stand zahlreich vertreten ist; daß er an seiner Stelle spricht, das heißt aufgerufen; daß er mit Maß redet, um nicht endlos zu sein. Denn Kürze ist nicht nur ein hohes Lob für den Senator, sondern auch für den Redner bei der Meinungsabgabe, und man soll niemals eine lange Rede halten – was sehr häufig aus Ehrgeiz geschieht –, es sei denn, daß es, wenn der Senat falsch handelt und kein Beamteter hilft, nützlich ist, daß der Tag herumgebracht wird, oder wenn der Fall so bedeutend ist, daß rednerische Fülle gebraucht wird zu Ermunterung und Belehrung; in diesen beiden Arten ist unser Cato groß. (41) Und wenn das Gesetz hinzufügt: »Die Angelegenheiten des Volkes soll er beherrschen«, so ist es für einen Senator unerläßlich, das Gemeinwesen zu kennen – und das erstreckt sich weit: was es an Soldaten hat, wie stark seine Finanzkraft ist, welche Bundesgenossen der Staat besitzt, welche Freunde, was für Tributpflichtige, unter welchem Gesetz, welcher Bedingung, welchem Vertrag jeder steht –, die Praxis der Entscheidungen zu beherrschen, die Beispiele der Vorfahren zu kennen. Ihr seht jetzt schon die ganze Art des Wissens, der Bemühung, der Erinnerung, ohne die ein Senator keineswegs handlungsbereit sein kann.

(42) Darauf folgen die Verhandlungen mit dem Volke, bei denen das erste und wichtigste ist: »Gewalt soll fern sein.« Nichts ist nämlich verderblicher für die Staaten, nichts so Recht und Gesetzen zuwider, nichts weniger demokratisch und menschlich, als daß bei einem geordneten und aufgebauten Gemeinwesen etwas mit Gewalt durchgeführt wird. Es befiehlt, dem Einspruch Erhebenden zu gehorchen, was das Vorzüglichste ist, das es gibt; es ist nämlich besser, daß eine gute Sache gehemmt wird, als daß man einer schlechten nachgibt.

Wenn ich aber das Gesetz gebe, daß die Tücke beim Initiator liegt, so habe ich das ganz nach der Meinungsäußerung des Crassus, eines sehr klugen Mannes, gesagt. Ihm folgte der Senat, als er entschieden hatte – es war, als der Konsul Gaius Claudius über den Aufstand des Gnaeus Carbo berichtete –, ohne Willen dessen, der mit dem Volke verhandle, könne Aufruhr nicht sein, da es ihm erlaubt sei, die Versammlung zu entlassen, sobald Einspruch erhoben und begonnen worden ist, zu lärmen. Wer diese aufregt in einem Zeitpunkt, wo nichts verhandelt werden kann, sucht Gewalt, und er verliert Straflosigkeit ihretwegen durch dieses Gesetz.

Es folgt der Satz: »Wer Einspruch gegen eine böse Sache erhebt, gelte als heilbringender Bürger.« (43) Wer würde nicht mit Leidenschaft dem Gemeinwesen zu Hilfe kommen, wenn er durch dieses so vortreffliche Gesetz mit Lob beschenkt ist?

Darauf ist als folgender Punkt aufgestellt, was wir auch in öffentlichen Einrichtungen und Gesetzen haben: »Die Vorzeichen sollen sie beachten, dem staatlichen Augur gehorchen.« Es ist aber Pflicht eines guten Augurs, eingedenk zu sein, daß er in den größten Nöten des Gemeinwesens gegenwärtig sein muß und daß er dem Iuppiter Optimus Maximus als Ratgeber und Gehilfe gegeben ist, wie ihm selber die, die er an der Vogelschau teilzunehmen heißt, und daß ihm die Grenzen der Himmelsteile übergeben sind, aus denen er häufig dem Gemeinwesen Hilfe bringen kann.

Darauf über die Vorankündigung, über die Aufnahme je eines Beratungszieles, über das Anhören von Privatleuten und Beamteten.

(44) Dann zwei ganz vorzügliche Gesetze, die aus den Zwölf Tafeln übertragen sind, von denen das eine Sondergesetze aufhebt, das andere befiehlt, über die

Existenz nur in der wichtigsten Volksversammlung einen Antrag einzubringen. Und da noch keine aufrührerischen Volkstribunen erfunden, ja nicht einmal in Gedanken vorgestellt waren, muß man voller Bewunderung sein, daß die Vorfahren so weit in die Zukunft vorausschauten. Sie wollten nicht, daß gegen Privatleute Gesetze eingebracht wurden, das bedeutet ein Privileg; was gibt es nämlich Ungerechteres, da die Bedeutung eines Gesetzes gerade darin liegt, daß man es für alle beschlossen und befohlen hat? Über einzelne urteilen wollten sie nur in den Zenturiatkomitien. Das nach Vermögen, Ständen, Jahrgängen geordnete Volk bringt nämlich zur Abstimmung mehr Einsicht mit als das ununterschieden zu den Tribus zusammengerufene. (45) Um so wahrer sagte in unserem Fall ein Mann von großen Anlagen und äußerster Weitsicht, Lucius Cotta, daß mit uns überhaupt nichts geschehen sei. Außer dem nämlich, daß jene Versammlungen mit Sklavenwaffen durchgeführt worden seien, könnten außerdem weder Tributkomitien in Existenzfragen Gültigkeit haben noch irgendwelche überhaupt über ein Gesetz gegen einen einzelnen. Darum brauchten wir kein Gesetz, da über uns überhaupt nichts auf gesetzlichem Wege verhängt worden sei. Aber euch und den erlauchtesten Männern schien es besser, daß über denselben, über den Sklaven und Straßenräuber etwas beschlossen zu haben behaupteten, das ganze Italien seine Ansicht zur Schau trüge.

(46) Es folgt das Gesetz über Bestechung und Amtserschleichung, und da Gesetze mehr durch Gerichtsverfahren als durch Worte zu sichern sind, wird hinzugefügt: »Die Buße soll der Schuld gleich sein«, daß ein

jeder auf dem Gebiet seines Gebrechens den Schlag erhält, Gewalt mit dem Leben, Habsucht mit der Geldbuße, Ehrgeiz mit Schande geahndet wird.

Die letzten Gesetze sind bei uns nicht gebräuchlich, für das Gemeinwesen aber unerläßlich. Wir haben keine Überwachung der Gesetze, und so sind die Gesetze so, wie sie unsere Amtsdiener wollen. Von den Schreibern holen wir sie, ein in amtlichen Schriftstükken besiegeltes öffentliches Gedächtnis haben wir nicht. Die Griechen behandelten das mit mehr Sorgfalt, bei denen Nomophylakes gewählt wurden, und die beobachteten nicht nur den Wortlaut (denn das gab es auch bei unseren Vorfahren), sondern auch das Handeln der Menschen und bezogen es auf die Gesetze. (47) Diese Sorge möge den Zensoren aufgetragen werden, da wir ja wollen, daß sie im Gemeinwesen immer vorhanden sind. Bei ihnen sollen auch die, welche aus dem Amte scheiden, aussagen und darlegen, was sie während ihrer Amtsführung getan haben. Und über sie sollen die Zensoren ein Vor-Urteil fällen. Das geschieht in Griechenland von Staats wegen durch die Aufstellung von Anklägern, die freilich wirksam nur sein können, wenn sie freiwillig sind. Darum ist es besser, daß die Rechnungslegung und die Darlegung des Falles vor den Zensoren geschieht, dieser aber doch ganz dem Gesetz, dem Ankläger und Gericht vorbehalten bleibt.

Aber genug ist jetzt gesagt über die Ämter, es müßte denn sein, daß ihr etwas vermißt.

Atticus: Wie? Wenn wir schweigen, mahnt dich nicht der Gedanke selbst, was du noch darauf sagen mußt?

Marcus: Ich? Über die Gerichte, glaube ich, Pomponius; das ist nämlich mit den Ämtern verbunden.

(48) *Atticus:* Wie? Glaubst du nichts über das Recht des römischen Volkes sagen zu müssen, wie du begonnen hast?

Marcus: Was gibt es denn an dieser Stelle, was du noch wünschen könntest?

Atticus: Ich? Das, dessen Unkenntnis von seiten derer, die im Gemeinwesen tätig sind, ich für die größte Schande halte. Denn wie du eben sagtest, daß man sich die Gesetze von den Amtsdienern hole, so bemerke ich, daß sehr viele in den Ämtern aus Unkenntnis ihres Rechts so klug sind, wie es die Amtsdiener wollen. Wenn du es darum für deine Pflicht gehalten hast, über die Entfremdung der gottesdienstlichen Gebote zu sprechen, als du die Sakralgesetze vorgelegt hattest, mußt du jetzt, nachdem die Ämter durch das Gesetz festgelegt sind, über das Recht der Amtsgewalten sprechen.

(49) *Marcus:* Ich werde es kurz tun, wenn ich es zu erreichen vermag. Denn ausführlicher schrieb darüber an deinen Vater sein Freund Marcus Iunius, nach meinem Urteil kundig und sorgfältig. Wir aber müssen von uns aus über das Recht der Natur nachdenken und sprechen, über das Recht des römischen Volkes müssen wir das sagen, was uns überkommen und überliefert ist.

Atticus: Ganz meine Meinung, und eben das, was du sagst, erwarte ich.

FRAGMENTE

1. Lactantius, *inst. div.* 3,19,2: Beglückwünschen wir uns, da ja der Tod einen besseren Zustand als den, welcher im Leben herrscht, oder jedenfalls keinen schlechteren herbeiführen wird. Denn wenn die Seele ohne den Körper ihre Lebenskraft behält, ist das Leben göttlich, hat sie keine Empfindung, ist in der Tat nichts Schlimmes dabei.

2. Lactantius, *inst. div.* 5,8,10: Wie in ein und derselben Natur das Weltall in allen unter sich passenden Teilen zusammenhängt und sich stützt, so sind alle Menschen unter sich von Natur verbunden, sind freilich durch Verkehrtheit uneins und sehen nicht, daß sie Brüder und alle ein und derselben Vormundschaft unterworfen sind. Wenn man daran fest dächte, würden die Menschen in der Tat das Leben von Göttern führen.

3. Lactantius, *inst. div.* 1,20,14: Cicero sagt, Griechenland habe einen großen und verwegenen Gedanken gefaßt, daß es die Bilder der Begierde und der Liebe in den Gymnasien geweiht habe ... und fügt an diesen Gedanken, als ob er die Griechen an Klugheit übertreffe, an, Tugenden müßten nämlich geheiligt werden, nicht Laster.

4. Macrobius, *de differentiis* 17,6, und *auct. inc. de verbo* 5,6, ed. Ian, p. 160: wie wird er die Bundesgenossen schützen können, wenn er keine Wahl zwischen Nützlichem und Unnützem besitzt.

5. Macrobius, *Sat.* 6,4,8, Cicero im fünften Buch von *De legibus*: Willst du also, da die Sonne sich schon ein wenig vom Mittag herabgesenkt zu haben scheint und noch nicht recht von diesen jungen Bäumchen dieser ganze Platz beschattet wird, wir sollten an den Liris herabsteigen und das, was aussteht, an jenen Schattenstellen der Erlen zu Ende führen?

ANMERKUNGEN

Die Ziffern beziehen sich auf die Paragraphen des Textes

Erstes Buch

1. Cicero hatte, wahrscheinlich nach seiner Verbannung, ein Epos auf den Landsmann und Kimbernsieger Marius gedichtet, sein Schicksal mit dessen Los vergleichend.
2. Scaevola. Ist der *Marius* spät, wird es sich um den dichterischen Dilettanten Q. Mucius Scaevola (Volkstribun 54) handeln, der im Gefolge des Quintus Cicero im Jahre 59 mit in die Provinz Asien ging.
3. Nach dem Mythos hat der Nordwind – griech. Boreas, lat. Aquilo – die Tochter des athenischen Königs Erechtheus, die Oreithyia, entführt.
4. Die römische Sage, daß der zweite König Numa, der Stifter der römischen *religio*, seine Weisheit aus Gesprächen mit der Nymphe Egeria gehabt habe und daß dem fünften, Tarquinius Priscus aus Korinth sein großes Schicksal auf der Reise nach Rom durch den Adler Iuppiters angekündigt worden sei, der ihm die Krone, den Apex, den auch die flamines tragen, aufs Haupt setzte, wird in dem aufgeklärten Kreise um Cicero natürlich nicht mehr geglaubt.
5. ›die sich an *deinen* Schriften erfreuen‹. Läßt man das nur im Codex H ausgelassene ›deinen‹ weg, kommt der angesteuerte Gegensatz zwischen einem privaten Publikum und einem allgemeinen Interesse zu kurz.
6. Über die Chronik im Archiv der *pontifices* erwarten wir ein Urteil über die objektive Qualität, nicht die subjektive Wirkung: darum ist des Ursinus Konjektur *ieiunius* statt des überlieferten *iucundius* anzunehmen. Eine Skizze über die römische Geschichtsschreibung auch *de oratore* 2,54. Auch dort wird Coelius Antipater als epochemachend für eine sich über das bloß Faktische erhebende Geschichtsschreibung genannt. Er hatte – der erste Privatmann, der Geschichte schrieb – den Zweiten Punischen Krieg behandelt. Von den weiter genannten seien hervorgehoben:

Q. Fabius Pictor, der Begründer der römischen Geschichtsschreibung (um 200),
M. Porcius Cato (234–149), der Verfasser des ersten Geschichtswerkes in lateinischer Sprache *(Origines)*,
Sempronius Asellio, Verfasser einer Zeitgeschichte (Kriegstribun vor Numantia, 134/133).

7. L. Cornelius Sisenna (Prätor 78, gest. 67) und C. Licinius Macer (gest. 66) waren trotz entgegengesetzter politischer Anschauung befreundet. Daß der optimatische Sulla-Anhänger Sisenna auch mit Atticus befreundet war (*Brutus* 260), gibt nicht das Recht, *eius* mit Corradus in *meus* zu ändern.
Klitarch verfaßte am Anfang des dritten vorchristlichen Jahrhunderts eine Geschichte Alexanders des Großen in zwölf Büchern.
9. Auch die Vorbereitung und Stoffsammlung fordert Muße, schon beim Beginn des Schreibens muß sie vorbereitet sein. Das kann kaum mit *praeparato otio* ausgedrückt werden (daß man für die Niederschrift Muße vorbereitet, ist selbstverständlich), sondern wahrscheinlich ist *praeparata* zu schreiben.
10. Über *legatio*, Urlaub für Sondermissionen, wird im dritten Buch gesprochen: 3,18. Scherzhaft wird der Problematik hier präludiert.
11. Q. Roscius Gallus, berühmter Schauspieler, den Cicero häufig mit seiner eigenen Kunst in Beziehung setzt und nach seiner Rückkehr von der Griechenlandfahrt in einer Rede verteidigte, in der er stilistisch seinen Rivalen Hortensius auf dem eigenen Felde der ›asianischen‹ Technik zu schlagen suchte.
13. Gemeint ist der Augur Q. Mucius Scaevola, der Schwiegersohn des Laelius. Er lebte etwa von 170 bis 87. Cicero und Atticus waren vom Jahre 90 bis zu seinem Tode in seinem Kreise (vgl. *Brutus* 306 und *Laelius* 1 ff.).
14. Recht der Dachtraufen: ein Bauherr durfte sein Dach über die gemeinsame Wand in den Luftraum des andern bauen, mußte aber Vorsorge treffen, daß das Wasser nicht auf das Grundstück des andern floß. Recht der Hauswände: eine gemeinsame Scheidewand zwischen zwei Häusern verpflichtete bei Niederreißen zur Deckung des dem andern erwachsenen Schadens. Lieblingsbeispiele Ciceros für die Geringfügigkeit der juristischen Fragen (*de oratore* 72; *de legibus* 2,47; *Murena* 22). – Über die *formulae*, die festen Sätze, mit denen man eine

legis actio anhängig machen mußte und deren Verletzung den Verlust des Prozesses nach sich zog, waren seit Cn. Flavius, dem Schreiber des Appius Claudius Caecus, öfter behandelt worden.

16. Da in den Codices A, B, H einhellig das sinnvolle *honesta* überliefert ist, muß die Randbemerkung in H, *magis*, als Konjektur gewertet werden. Es geht kaum an, den offenbar nicht ganz richtigen Text durch paläographische Kunststücke auf einer Änderung des *magis* aufzubauen. *honesta* umschließt, auf das Ende vorblickend, den Bereich der Gesittung, der in den folgenden Sätzen expliziert wird. Wahrscheinlich ist bei der öfter gebrauchten Formel *nullo alio in genere* (*de legibus* 1,25) das *alio* ausgefallen (paläographisch äußerst leicht zu verstehen). Dann läuft der Satz glatt, die Behauptung ist ähnlich weittragend wie die in *de re publica* 1,13, wo man ebenfalls eine einschränkende Konjektur für nötig hielt. Cicero behauptet nichts Geringeres, als daß allein bei der Behandlung der Rechtsnatur des Menschen der Bereich der Gesittung sich erschließt, womit er recht hat.

17. Das *edictum praetoris* ist dadurch, daß ein Prätor vom andern einen Grundstock von Gesetzen und Vorschriften übernahm, eine wichtige Rechtsquelle geworden, nachdem es zunächst nur ankündigte, wie der Prätor die Gesetze zu interpretieren und anzuwenden gedachte; die Zwölf Tafeln wurden von einer Kommission im Jahre 451/450 kodifiziert.
Cicero spielt auf seinen Freund Servius Sulpicius Rufus an (106–43, Konsul 51), neben Aquilius Gallus von Cicero als bedeutendster zeitgenössischer Jurist geschätzt.

18. ›den beschlagensten Männern‹, *doctissimis viris*, insbesondere den Stoikern im allgemeinen.

19. griech. νόμος von νέμειν, zuteilen, lat. *lex* von *legere*, auswählen. Der etymologische Zusammenhang wird heute wieder anerkannt (Walde-Hofmann), während im Kommentar von du Mesnil *lex* noch zu λέγειν gestellt wird. Die Bedeutungsentwicklung ist noch unklar. νόμος hängt mit *numerus* zusammen. Vgl. *de legibus* 2,11, wo die lateinische Definition wie etwas Neues gebracht wird, während auf die griechische kein Bezug genommen wird.

20. Die bekannten sechs Bücher sind das Werk über das Gemeinwesen, *de re publica*. Hier weiß Cicero schon, daß es sechs

Bücher geworden sind, der Passus scheint also nach Vollendung des Werkes geschrieben, wofern sich Cicero nicht auf den Plan bezieht. Bedeutet es etwas, daß im ersten und zweiten Buch die Zahl meist weggelassen wird?

21. ›Prozeß‹ ist etwas pointiert übersetzt: Cicero will den ganzen Fragenkreis wie eine *causa*, eine Prozeßsache, durchfechten. Derselbe Vergleich wird für die Verteidigung der Gerechtigkeit durch Laelius im dritten Buch von *de re publica* gebraucht (3,42). Er ist für die Auffassung des Ganzen wichtig.
Die Herausgeber halten das Wort *natura* bei der Umschreibung des göttlichen Einwirkens, weil die ›ganze Natur‹ Subjekt ist, für interpoliert. So leicht eine Dittographie hätte entstehen können, läßt sich sachlich nichts gegen das Wort einwenden, die Fülle ist Stilprinzip, und derselbe Fall findet sich in ähnlicher Weise 1,22, wo *plenum rationis et consilii* dem folgenden *particeps rationis* Konkurrenz macht. Darum schien es zu gewagt, das Wort zu streichen.
Der erste Satz des ›Katechismus‹ des Epikur besagt, daß die Götter sich nicht um die Welt kümmern. In Atticus verkörpert Cicero, mit köstlicher Ironie gewürzt, die großzügige, tolerante Form des römischen Epikureismus.

25. Text: *naturalis est igitur* (Klein).

26. Text: *nec satis ⟨perfectas⟩ intellegentias inchoavit.*

27. Der Satzton auf *deus* und die Zusammenfassung in 1,35: *primum quasi muneribus deorum nos esse instructos et ornatos*, machen es unwahrscheinlich, daß mit den Herausgebern ein *ita* zu ergänzen ist. Cicero legt den Ton nicht auf die einzelnen Vorzüge des Menschen, die unter Umständen auch automatisch weiterführen, sondern auf die verpflichtende Tatsache, daß Gott der Erzeuger und Ausstatter ist.
Die Gedanken über den Vorrang des Menschen hatte Scipio an einer verlorenen Stelle des vierten Buches von *de re publica* entwickelt. Sie kehren wieder im zweiten Buch von *de natura deorum*, das überhaupt zu vergleichen ist.

29. *vanitas opinionum* gibt einen guten Sinn, ist einhellig überliefert, und die Substanzlosigkeit der *opinio* wird in 1,45; 46 der Unerschütterlichkeit des Wesens entgegengestellt. Andererseits könnten *opinionum varietas* 1,47 und *Tusculanae* 1,108 *nationum varios errores* (zitiert bei Plinval) die geistreiche Konjektur Zieglers, *opinionum varietas*, stützen. Für Cicero

sind selbst die nationalen Unterschiede nicht Ausdruck der Originalität, sondern Entstellungen des Wesens, wofern sie nicht zur *perfecta ratio* führen. Das letztere ist einschränkend hinzuzufügen: es handelt sich nicht um Abweisung liebenswerter Besonderheiten, sondern Überwindung des Nationalen in der durch das Denken erschlossenen Erkenntnis der gleichen Geist- und Sozialnatur des Menschen.

30. Am Schluß hatte der Humanist Turnebus zu *ducem nactus* ein *naturam* ergänzt, es freilich dann zurückgezogen. Vahlen lobt ihn deswegen und tadelt Halm und Baiter schwer, daß sie in seiner Nachfolge mit dieser Hinzufügung den Sinn verdürben. Zu Recht: nicht die Geistnatur allein führt zur *virtus*, sondern – zumal bei der Beziehung auf jeden einzelnen eines jeden Volkes – sie bedarf eines Führers, der auch nicht wie bei den *artes* durch die Nachahmung der Natur ersetzt werden kann. Der Führer wird in 1,32 am Schluß genannt, es ist die *recte vivendi ratio*, also die Philosophie; vgl. 1,59 *sapientia duce* und das Nachwort.

32. Am Schluß des Paragraphen hat man allgemein empfunden – Vahlen ist zögernd –, daß im Text etwas fehlt. Aber es genügt nicht, wenn man zu dem Satz *quod recte vivendi ratio meliores efficit* ein Objekt – *omnis, homines, nos* etwa – ergänzt. Plinval scheint recht zu haben, wenn er feststellt, daß der *quod*-Satz nicht von *illud extremum est* abhängen kann, das den A. c. I. fordert. Darum die Annahme einer Lücke – zu ergänzen etwa: *homines sapientia egere* –, aus der dann für den kausalen *quod*-Satz das Objekt zu entnehmen ist.

33. Wegen des *autem* ist anzunehmen, daß vorher eine Aussage über die ursprüngliche Güte der menschlichen Anlage ausgefallen ist. *quod dicam* bezieht sich erläuternd – »wenn ich sage . . .« (coni. obliquus) – auf die thematische Anfangsbehauptung.

Cicero zitiert Terenz, *Heautontimorumenos* 77: *homo sum: humani nil a me alienum puto.*

Sokrates' Ansicht (vgl. Clemens Alexandrinus, *Stromateis* 2,131) wird von Cicero auch *de officiis* 3,11 zitiert (dort werden die Begriffe *utilitas et honestas* gebraucht, was für das *honesta* von 1,16 aufschlußreich ist; s. Anm. dort).

Unde enim illa Pythagorea vox, gemeint wohl (Plinval): *ut unus fiat ex pluribus* (vgl. *de officiis* 1,56). Da der Satz vollständig ist und mit *illa* auf ein berühmtes Wort angespielt wird, wird weder der Satz selbst zitiert noch durch ein hinzugefügtes *de amicitia* näher bestimmt worden sein. Die folgende Bemerkung *de amicitia locus* gehört daher zusammen (Ziegler schreibt: de amicitia? † locus ...) und ist eine Regiebemerkung: es sollte hier der Topos über die Freundschaft folgen. Das haben die früheren Interpreten gespürt, die Regiebemerkung aber einem Interpolator zugeschrieben. Wie hätte dieser aber wissen können, was folgen sollte, und wie hätte er das Bedürfnis zu einer Einfügung haben sollen, wenn der Satz ganz zitiert war? Darum scheint nur die Möglichkeit zu bleiben, daß Cicero selbst nicht zu Ende gearbeitet hat und sich eine Notiz über das noch Auszuarbeitende auf das Manuskript schrieb. So geht die Lücke zwischen 1,33 und 1,34 nicht auf Überlieferungsschaden, sondern auf den unfertigen Zustand des nachgelassenen Werkes zurück. Es wäre ja auch ein sonderbarer Zufall, wenn am Anfang der Lücke der Gedanke abgeschlossen wäre, am Ende der Lücke aber neu – mit *ex quo perspicitur* – begänne. Lactantius, *institutiones divinae* 5,3,10, gehört mit seinem abschließenden Charakter nicht hierher, sondern wahrscheinlich in die Lücke 1,57.

38. In den folgenden Paragraphen faßt Cicero die zusammen, die an geistige Werte glaubten, unter Ausschluß der hedonistischen Epikureer und vorsichtigem Fernhalten der skeptischen Akademie, der er sich freilich sein ganzes Leben zugehörig fühlte.
Speusipp, erster Nachfolger Platos in der Akademie (347–339).
Xenokrates, Vorsteher der Akademie (339–314).
Polemon, Nachfolger des Xenokrates.
Aristoteles (384–322), Gründer der peripatetischen Schule.
Theophrast (um 371–286), Schüler des Aristoteles.
Zenon (um 334–272), Begründer der Stoa.
Ariston, Schüler des Zenon, Mitte des 3. Jahrhunderts.

39. Arkesilaos (315–241), Bekämpfer des stoischen Dogmatismus als Schulhaupt der Akademie seit kurz nach 270.
Karneades (214–129), 155 Mitglied der Philosophengesandtschaft in Rom, skeptischer Akademiker.
Die Liste, nicht dazu dienend wie bei Aristoteles, physikalische Theorien an Vorgänger anzuschließen, oder wie bei Panaitios und wohl bei Antiochus, sich auf die Autorität der Klassiker zu berufen, sondern in universalem Überblick Vertreter des

Glaubens und Unglaubens zu scheiden, dürfte Ergebnis Ciceronischen Nachdenkens sein.

40. Vergehen gegen die übrigen Lebewesen, für die Pythagoras Sühnungen vorschrieb, werden denen gegen Götter und Menschen entgegengestellt. Danach ist wohl in der Lücke von Pythagoras die Rede gewesen.

42. Die Dreißig, tyrannische Oligarchenregierung in Athen nach dem Peloponnesischen Kriege (404/403).
Interrex, gemeint ist L. Valerius Flaccus, der im Jahre 82 Sulla zum *dictator legibus scribendis et rei publicae constituendae* ernannte. Nach diesem Gesetz wurden nicht nur alle Handlungen Sullas sanktioniert, sondern ihm auch für die Zukunft Gewalt über Leben und Tod der Bürger gegeben. Nicht daß Cicero aus dem Gesetze *de dictatore Sulla* ein Gesetz *de dictatore* allgemein in seiner Gehässigkeit machte (du Mesnil), sondern er will dieses bestimmte Gesetz in seinem Inhalt als ungerecht anprangern, weil es natürlich auch allgemeine Konsequenzen hat.

50. Ende. Der korrupte Satz, wohl gegen die Epikureer gerichtet, muß etwa lauten: *qui aliter ullum* [s. Anm. zu 1,16] *iudicium vitare nisi vitio ipso mutatum ⟨satis⟩ putant.*

52. Die Frage nach dem τέλος, dem Ziel des Menschen, hat zu verschiedenen Formeln geführt, nach denen sich die hellenistischen Philosophen unterscheiden lassen. Cicero behandelt sie in seinem Werke über die Theorien der Ethik, *de finibus*. Daß die Frage hier so gestellt wird, beweist nicht, aber legt es nahe, einen im Jahre 46 geschriebenen Vorverweis auf das Werk zu sehen.

53. L. Gellius Poplicola, Konsul 72, 63 Helfer Ciceros bei der Aufdeckung der Verschwörung Catilinas, erst nach 55 hochbetagt gestorben.
Phaedrus, wortgewandter Epikureer und Freund des Atticus, den Cicero in Rom und danach 79/78 auf seiner Griechenlandreise in Athen hörte.

54. Antiochus von Askalon war Schüler Philos von Larissa, der Cicero für die skeptische Akademie gewann, und Freund des Lucullus. Er kehrte zum Dogmatismus zurück und suchte mit seiner Unterscheidung einer *vita beata* und *vita beatissima* zwischen Akademie, Peripatos und Stoa zu vermitteln. Cicero hörte seinen gewandten und bezaubernden Vortrag 79/78 in

Athen. Im fünften Buch von *de finibus* findet sich eine Darstellung seiner Lehre und eine ähnliche Zurückhaltung der Zustimmung wie hier.

55. Wortspiel mit dem lateinischen Wort *fines*, mit dem Cicero τέλος wiedergibt. Es wird möglich erstens dadurch, daß es sich hier nicht nur um das höchste der Güter, sondern auch um ihre Abgrenzung handelt (darum die Übersetzung: ›ist der Streit um die Grenzen im Guten und Bösen entstanden‹) und durch eine Bestimmung der Zwölf Tafeln, nach der vom Nachbarn ein zweieinhalb bis drei Fuß breiter Streifen des angrenzenden Grundstücks etwa zum Viehtreiben benutzt werden konnte. Der fünf bis sechs Fuß breite Zwischenraum konnte aber nicht durch Gewohnheitsrecht in Eigentum übergehen.
lex Manilia, wahrscheinlich vom Volkstribunen Manilius im Jahre 165 eingebracht. Während das Zwölf-Tafel-Gesetz drei Schiedsrichter bestellte, ließ es dieses Gesetz beim Streit um den Grenzstreifen bei einem bewenden.

57. Die Personen sind in den Handschriften nicht bezeichnet; doch Cicero läßt durch die Anrede meist keinen Zweifel, wem ein Satz gehört. Die Bemerkung *licebit alias* muß aber doch wohl wie viele derartige Regiebemerkungen – hier weist sie auf das Werk *de finibus* voraus – dem gehören, der eine solche Hoffnung wie ein Versprechen verantworten kann, also Marcus. Danach die Aufteilung: Marcus und Quintus teilen sich in die Antwort.
Wir haben eine ähnliche grundlegende Zusammenfassung – vgl. auch den Wortlaut *ex his enim quae dixisti* – wie 1,35. Aus ihr muß sich ergeben haben, was Quintus sagt. Da er der positiven Gesetzgebung die ›Lebenslehre‹ gegenüberstellt, muß von dieser die Rede gewesen sein, oder Cicero muß das Resultat des Bisherigen so zusammengefaßt haben, daß sie als das Wesentliche daraus abgeleitet werden kann. Hierher paßt das Fragment, das Lactantius, *institutiones divinae* 5,8,10, zitiert.
Lykurg, der halbmythische Gesetzgeber Spartas.
Solon gab im Jahre 594 als Archon seine berühmten Gesetze in Athen.
Charondas, Gesetzgeber aus Catania.
Zaleukos gab dem epizephyrischen Lokroi seine Gesetze.

58. Der Spruch des delphischen Gottes γνῶθι σαυτόν sollte den Menschen auf seine Grenzen hinweisen; Cicero macht ihn im

positiven Sinn der zur Erkenntnis menschlicher, verpflichtender Größe führenden Selbsterkenntnis zum Ausgangspunkt seines Lobes der Philosophie, auf die im ersten Buche alles hinsteuert.

61. ›menschlichen Mauern‹: Versuch einer Verbesserung des korrupt überlieferten *omnis* AB und *hominis* H.

Zweites Buch

2. Nile und Euripus (die Meerenge zwischen Euböa und Böotien, in der die Strömung ihre Richtung wechselte) nannte man Wasserspiele, so wie Cicero sich auf seiner Villa in Tusculum eine Akademie und ein Lykeion baute, stille Stätten des Nachdenkens in Erinnerung an die berühmten athenischen Urbilder. Das – romantische – Bedürfnis, Berühmtheiten der Welt in sein Zimmer (Wandbilder als Vorgänger unserer Sitte, Bilder an die Wand zu hängen) oder seine Umgebung zu bringen, hat einen Gipfel in der Villa Hadrians bei Tivoli erreicht.

3. Manius Curius Dentatus (Konsul 290, 284, 275, 274) besiegte Pyrrhus bei Benevent und war Zensor 272. Sein Haus in den Sabiner Bergen war von gerühmter Bescheidenheit. Er war ein Vorbild des alten Cato.
Cicero spielt am Schluß des Paragraphen auf die *Odyssee* 1,56 ff. an, wo Odysseus statt der Unsterblichkeit lieber den Rauch seines Ithaka sehen möchte. Vgl. auch 5,136.

5. Munizipium – abgeleitet von *munus capere*, Staatsleistungen übernehmen – ist eine Stadt außerhalb Roms.
Theseus faßte nach dem Mythos die selbständigen Gemeinden in seinem Synoikismos zum Staatsgebilde Attika zusammen.
Der Text dieses Paragraphen ist schlecht überliefert. Da aber zwei *patriae* unterschieden werden, eine des Ortes, eine andere des Rechtes, darf in der Lücke am Schluß nicht ⟨*duas*⟩ *civitatis* ergänzt werden, wie es Ziegler tut.

7. Atticus hatte sich in Epirus am Thyamis (heute Kalamá), Korfu gegenüber, ein großes Gut in fruchtbarer Ebene – deswegen nach der Zeus-Amme Amaltheia benannt – gekauft. Cicero läßt es sich *ad Atticum* 1,16; 18 beschreiben, um sein Tusculanum danach einzurichten. Quintus, der Schwager des Atticus, kannte es aus Autopsie.

Cicero hatte in seiner Jugend das Sterngedicht des Aratos (um 315–240) übersetzt.

9. *si in ius vocat*, ergänze *quis, ito*: Satz des Zwölf-Tafel-Rechtes.

Horatius Cocles verteidigte gegen Porsenna den Zugang zum *pons sublicius* und rettete sich dann, indem er mit voller Rüstung, nachdem er hinter sich die Brücke hatte abbrechen lassen, durch den Tiber schwamm.

L. Tarquinius Superbus, letzter König Roms, dessen Sohn Sex. Tarquinius der Lucretia, der Tochter des Sp. Lucretius Tricipitinus, der Gattin des L. Tarquinius Collatinus, Gewalt antat und so nach der durchaus wahrscheinlichen Tradition den Anstoß zur Vertreibung seines Vaters gab.

14. Die gegen die Natur verstoßenden Gesetze sind:

Titia, Agrargesetz, 99 vom Volkstribun Sex. Titus eingebracht, auf Einspruch der Auguren wegen eines Prodigiums für ungültig erklärt.

Apuleiae, die vom Volkstribunen L. Apuleius Saturninus 103 und 100 eingebrachten Gesetze (eine *agraria* zur Versorgung der Veteranen des Marius, eine *de maiestate minuta* und eine *frumentaria*).

Liviae, Gesetze des M. Livius Drusus, Volkstribun 91 (eine *iudiciaria*, eine *agraria*, eine *frumentaria*, also alles fortschrittliche Gesetze dieses hohen Nobilis).

15. Timaios von Taormina (um 345 bis um 250) schrieb ein umfangreiches Werk über die Geschichte der westlichen Mittelmeerwelt. Cicero schätzte dieses auf gründlichen Studien beruhende Werk.

18. Im vertrauten Kreis darf Cicero diesen Versuch, die alte Gesetzessprache nachzuahmen, wagen, ohne sich lächerlich zu machen.

19. Es wird zwischen abgesonderter öffentlicher und privater Gottesverehrung unterschieden. Ein Gott, der von Staats wegen eingeholt wurde, war zum Beispiel Aesculap.

Die Laren, die ›Hausgötter‹, sind, wie sich aus einer jüngst gefundenen Inschrift ergibt (4. Jh. v. Chr.), auf welcher der Indiges Aeneas als Lar bezeichnet wird, die vergöttlichten Vorfahren.

Der Gedanke an Euhemerus, der die Götter für verdiente historische Persönlichkeiten hielt, ist hier fernzuhalten (anders

Plinval), da es ja – und in der Überzahl – die immer für Götter gehaltenen gibt. Für Cicero sind die vergöttlichten Heroen des Mythos ebenso wie die vergöttlichten Wesenheiten darum so wichtig, weil es ihm auf die göttliche Essenz ankommt.

21. Die *disciplina Etrusca*, die Leberschau – in Piacenza ist eine berühmte Bronzeleber gefunden worden –, bleibt auch nach dem Sieg über die Etrusker in deren Kompetenz.
Die Ceres, eine altitalische Göttin des Wachstums, früh mit der griechischen Demeter verschmolzen, wurde nach griechischem Ritus in einer Geheimfeier der Frauen im Hochsommer verehrt.

22. Die Mater magna von Pessinus in Phrygien, 205/204 in Rom eingeführt, hatte das Recht, Geldspenden zu erhalten (Lukrez beschreibt im zweiten Buche, wie es bei ihrem Umzug Münzen schneit), im übrigen wird die Bettelei verboten.

23. Die Gesetze Numas, des zweiten Königs von Rom, mehrfach zitiert (angeblich wurden 181 v. Chr. seine Gesetze ausgegraben), waren von Cicero (vgl. *de re publica*) darum besonders geschätzt, weil sie den Aufwand im Kultus auf ein Minimum beschränkten.

26. Xerxes, König der Perser (485–465), bei Salamis 480 und Platää 479 von den Griechen geschlagen, ließ die griechischen Tempel mit dieser Begründung zerstören (vgl. *de re publica* 3,14).
Thales, zu den sieben Weisen gezählt, lebte Anfang des sechsten Jahrhunderts und ist der Begründer der ionischen Naturphilosophie (er ist datiert durch seine Voraussage der Sonnenfinsternis vom 28. 5. 585 v. Chr.). Seine Ansicht – τὸν δὲ κόσμον ἔμψυχον ἔφη καὶ δαιμόνων πλήρη – findet sich in den Scholien zu Platos *Staat* 600 A (Diels-Kranz, *Fragmente der Vorsokratiker* I, A 3).

28. Kylonfrevel. Nach 640 v. Chr. hatte Kylon die Akropolis besetzt, um die Tyrannis zu erringen, und war nach dem Fehlschlag geflohen. Seine Anhänger wurden von dem schützenden Altar der Σεμναὶ θεαί gerissen und hingemordet. Der Wundertäter und Priester Epimenides aus Knossos auf Kreta, Verfasser von epischen Orakeln und Reinigungsvorschriften (vgl. *Fr. d. Vors.* I 27 ff.), wurde im Jahre 596 nach Athen gerufen, um die Alkmäoniden, Urheber dieses Frevels, zu entsühnen, und ließ die besagten Tempel errichten.

Vica Pota hatte ein Heiligtum am Abhang der Velia. Nach Latte (*Römische Religionsgeschichte* 137 Anm. 3) gibt es keine plausible Deutung des Namens.

Stata ist die Kraft, die das Feuer eindämmt: vgl. Latte, a. a. O. 130.

Primigenia, der Beiname der Fortuna von Praeneste. Nach Latte (a. a. O. 176) soll er eine Vorzugsstellung, nicht einen genealogischen Zusammenhang ausdrücken.

A. Atilius Calatinus, Konsul 258 und 254, Diktator 249, Zensor 247, erbaute der Spes einen Tempel auf dem Forum Boarium.

In der Lücke wurden die heiligen Begriffe abgeschlossen und als nächster Punkt die pünktliche Befolgung der Begehungen behandelt.

29. Die Pontifices hatten die Aufgabe, durch Einschalten von Tagen das Mondjahr mit dem Sonnenjahr in Einklang zu bringen. Das hörte mit der Kalenderreform Caesars im Jahre 46 v. Chr. auf.

Ἑστία ist sprachlich und sachlich dasselbe wie Vesta, die Göttin des Herdes ist aber in Rom uralt. Ihr alter Rundtempel ist in seinen Fundamenten auf dem Forum aufgedeckt worden.

32. Es ist nicht zu entscheiden, ob M. Claudius Marcellus, Konsul 51, dessen Bruder C. Claudius Marcellus, Konsul 49, oder deren Vetter C. Claudius Marcellus, Konsul 50, Augur war. Alle drei kommen in Frage.

Appius Claudius Pulcher, Konsul 54, widmete sein Werk über Auguralrecht Cicero.

33. Polyidos, berühmter Seher aus dem korinthischen Geschlecht der Melampodiden.

Melampus aus der Peloponnes, Stammvater des Sehergeschlechtes der Melampodiden.

Mopsus, berühmter Seher, Sohn Apollos und der Tochter des Teiresias, der Manto, Gründer des Apollo-Heiligtums von Klaros in Karien.

Amphiaraos, berühmter Seher in Argos, der am Zug der Sieben gegen Theben teilnahm.

Kalchas, der Seher der Griechen vor Troja.

Helenos, Sohn des Priamus, berühmter Seher, heiratet Andromache und gründet nach Trojas Fall in Buthrotum ein Reich.

Attius Navius, berühmter Augur des Tarquinius Priscus.

35. Iacchus, früh mit Bacchos-Dionysos gleichgesetzt, spielte neben Demeter und ihrer Tochter Persephone in den Mysterien von Eleusis eine uns weitgehend unbekannte Rolle. Cicero und Atticus waren eingeweiht. Cicero unterscheidet diese Mysterien, die in den Händen des eleusinischen Priestergeschlechtes der Eumolpiden lagen, von den Nachtfeiern in Athen.
Spiel mit *initia* und *principia*, die (ersten) Weihen sind die Grundlagen des Lebens nicht nur dem Namen nach, sondern in Wahrheit.
Am Schluß Anspielung auf P. Clodius Pulcher, der sich im Jahre 62 in das Haus des Prätors Caesar bei einer Nachtfeier der *bona dea* einschlich, um sich dessen Gattin Pompeia zu nähern. Daß Cicero Zeugnis gegen ihn ablegte, begründete ihre Feindschaft. Clodius ließ sich 59 durch ein Curiatgesetz des Konsuls Caesar die Erlaubnis geben, sich von einem Plebejer adoptieren zu lassen, um Volkstribun werden zu können. Als solcher brachte er ein Gesetz ein, das Cicero in die Verbannung trieb (rückwirkend sollte bestraft werden, wer einen römischen Bürger ohne ordentliches Gerichtsverfahren getötet hätte). Er wurde am 18. 1. 52 von T. Annius Milo getötet. Die Erinnerung an ihn lastet auf Cicero und ist noch ganz frisch im Werke: 2,42; 3,21.25.44.45. Hier hat die Empörung zu einem so übersteigernden Bilde geführt, daß es im Deutschen nur schwer wiederzugeben ist.

37. Das berühmte *Senatus consultum de Bacchanalibus* vom Jahre 186 v. Chr. ist uns erhalten.
Der Thebaner Pagondas ist sonst nicht bekannt.
Aristophanes, der Hauptvertreter der Alten Komödie (um 450 bis um 385), hatte den phrygischen Gott Sabazius in den *Wespen* (V. 9), den *Vögeln* (V. 874), der *Lysistrata* (V. 389) und den *Horai* (fr. 566) verspottet.

38. Der tiefe Gedanke, daß sich die Staatsgesetze mit den Gesetzen der Musik änderten, findet sich in Platos *Politeia* (4,424 c). Für Cicero ist freilich das Beispiel der führenden Männer erheblicher: 3,32.

39. Timotheus aus Milet (um 450 bis um 360) hat die sieben Saiten der Kithara des Terpander um vier vermehrt.

41. Soloi in Kilikien wurde 333 von Alexander dem Großen erobert, nach dem Seeräuberkrieg 67 als Pompeiopolis neu gegründet.

Das Plato-Zitat stammt aus *Nomoi* 4,716 e.
Der Text ist korrupt. Ich ergänze: ... ‹*observari oportere* (ähnlich Vahlen). *Fit enim promissis› ac votis sponsio* ...

42. Über Clodius vgl. zu 2,35. Clodius hatte Ciceros Haus auf dem Palatin konfisziert und angezündet und ein Heiligtum der Libertas auf dem Gelände errichtet. Cicero hatte vor der Abfahrt eine Statuette der Minerva mit der Aufschrift ›Minerva, die Beschützerin Roms‹ zu ihrem ›Vater‹ in den Iuppiter-Tempel auf dem Kapitol getragen.
45. Die Stelle: Plato, *Nomoi* 12,955 e.
49. Cicero mokiert sich über die Rechtskasuistik, indem er auch den Stil der Rechtsgelehrten nachahmt.
51. ›Erz und Waage‹, *traditio per aes et libram*, ist ein symbolischer Akt, mit dem ein Kaufvertrag abgeschlossen wurde. In Gegenwart eines *libripens* und vor Zeugen berührte der Käufer die Waage, und das Erz wurde ihm übergeben. Hier handelt es sich darum, daß der Bedachte den Erben seinen Anteil – unter Zusicherung des Rückkaufs – verkauft, so daß aus der Nachfolge mit der notwendigen Übernahme der religiösen Auflage ein von solchen befreites Kaufgeschäft wird. Vgl. darüber Plinval, Anm. zu 2,51.
53. Der Abzug von 100 Sesterzen sollte offenbar als symbolische Abgeltung der Verpflichtungen (Begräbnis, Feste, Opfer) dienen.
54. In der Lücke ist der Anfang gemacht worden mit der Interpretation des Rechts der Verstorbenen. Wie Plutarch, *Quaestiones Romanae* 34, zeigt, ist dabei von der Verlegung der Totenopfer von Februar auf Dezember durch Decimus Brutus die Rede gewesen. Auf ihn bezieht sich der Anfang des Erhaltenen.
    D. Iunius Brutus, Freund des großen Tragikers Accius (170 bis 84), verlegte die Totenopfer auf den Dezember.
55. Aulus Torquatus, verwechselt mit T. Manlius Torquatus, Pontifex und Prätor 170, Konsul 165, dem hervorragenden Kenner des zivilen und Pontifikalrechts (so Ziegler 133)? Über die Entscheidung sonst nichts bekannt.
    Von den von Cicero übergangenen differenzierten Vorschriften sei das *os resectum* hervorgehoben. Auch bei Verbrennung der Leiche war es alte, geheiligte Sitte, einen Finger abzuschneiden und zu beerdigen.

56. Xenophon, *Instructio Cyri* 8,7,25.
Am Ianiculus befand sich ein Altar des Fons, des Sohnes des Ianus (vgl. über weitere Individualgötter dieses Namens Latte, a. a. O. 77).
57. Ennius, der Vater der lateinischen Poesie, wird von Cicero häufig zitiert. Das Epigramm auf Scipio Africanus maior lautete: *Hic est ille situs cui nemo civis neque hostis / quibit pro factis reddere opis pretium.*
58. Valerius Poplicola (Konsul 509–507, 504) gehört zu den sagenumwobenen Gründern der Republik.
P. Postumius Tubertus (Konsul 505, 503) hatte Erfolge gegen die Sabiner.
C. Fabricius Luscinus (Konsul 282, 278, Zensor 275), Beispiel der Einfachheit und Held des Pyrrhuskrieges.
59. Die Juristen Sex. Aelius Paetus Catus (Konsul 198), Verfasser der *Tripertita*, die den Text der Zwölf Tafeln boten, weiter einen Kommentar dazu und die Klageformeln enthielten, und L. Acilius, ebenfalls bedeutender Kommentator der Zwölf Tafeln, waren mit dem Text nicht zurechtgekommen, den L. Aelius Stilo, der Begründer der Philologie in Rom, zu erklären vermochte.
60. Die Übersetzung ahmt den plötzlichen Subjektwechsel der alten Gesetzessprache nach.
62. C. Marcius Figulus, vermutlich Konsul 64, der Cicero bei der Niederwerfung der Catilinarischen Verschwörung half.
63. Kekrops, sagenhafter König von Athen.
64. Demetrios von Phaleron (geb. um 350), bedeutender Philosoph und Staatsmann, 318/317 Statthalter von Athen.
66. Pittacus, einer der sieben Weisen, Staatsmann und Gesetzgeber von Mytilene, Ende des 7. Jahrhunderts.
67. Plato, *Nomoi* 12,958 d.
68. ›dasselbe‹, nämlich wohl wie das, was Cicero in der Lücke 2,54 entwickelt hat.

Drittes Buch

1. Die Schüler verehrten den Meister Epikur fast wie einen Gott und ließen niemand außer ihm gelten. Anders Lukrez 5,8: *deus ille fuit, deus . . .*
5. Plato, *Nomoi* 3,701 b/c.

9. Jahresgesetz. Zuerst bestimmte die *lex Villia annalis* 180, mit welchem Lebensjahr ein Amt bekleidet werden könne. Modifikationen durch die *lex Rusca* 132 und die *lex Cornelia* 81.
11. ›Angekündigtes‹: Antragsteller eines Gesetzes teilten den Entwurf dem Senat mit, stellten ihn über einen Zeitraum von drei Markttagen *(per trinundinum)* aus *(promulgatio)* und – das ist eine Schwierigkeit – machten ihn wohl im Ärarium aktenkundig. Die Vorschrift richtete sich gegen plötzliche Gesetzesvorlagen, die wie Schüsse aus dem Hinterhalt kamen. So hatte Cicero erst sehr spät Einblick in das Ackergesetz des Rullus bekommen.
 ›in der größten Volksversammlung‹, d. h. den Zenturiatkomitien.
13. Über Theophrast vgl. Anm. zu 1,38.
 Diogenes aus Seleukia, Nachfolger Zenons in der Stoa, Teilnehmer an der griechischen Philosophengesandtschaft (156/155).
14. Panaitios, Begründer der mittleren Stoa (um 180–99), seit 130 Schulhaupt in Athen. Cicero setzt seine Ethik in den ersten beiden Büchern von *de officiis* ins Römische um. Seine Wirkung auf Cicero kann nicht hoch genug angeschlagen werden. Doch hat er außer dem Werk über die Magistratur sicher kein Staatswerk geschrieben. Sonst hätte sich Cicero in *de re publica* auf dieses, nicht auf bloße Gespräche zwischen Scipio, Polybios und Panaitios berufen.
 Herakleides aus Herakleia am Pontus (um 390–310) schrieb über Gerechtigkeit und über Gesetze.
 Dikaiarch aus Messina (4. Jh.) schrieb als Schüler des Aristoteles und Gegner des Theophrast unter anderen Schriften – durch Cicero ist bekannt, daß er nicht das theoretische, sondern das praktische Leben für das vorzüglichste hielt, womit seine Vorliebe für Kulturgeschichte zusammenhängen mag – einen *Tripolitikos*, in dem die ›Art des Dikaiarch‹, die aus den drei Einzelverfassungen gemischte Staatsform empfohlen wurde.
 Cicero betont auch in *de re publica* 1,13 die Verbindung von Staatsmann und Philosoph, die ihn selbst ebenso kompetent erscheinen läßt wie hier den Demetrios von Phaleron.
16. Theopomp, König von Sparta zur Zeit des Ersten Messenischen Krieges, beschränkte die königliche Macht durch die Ephoren (8. Jh.).

Zum Tribunat vgl. *de re publica* 2,59. Cicero stellt die Schutzfunktion des Tribunates bei seiner Entstehung vorzüglich dar.

17. In der Lücke ist die Erläuterung der §§ 6 bis 9 des Gesetzes ausgefallen.

18. Dienstreisen außer der Reihe und ohne speziellen Auftrag *(legationes liberae)* ließ man sich geben, um seine Privatgeschäfte, von den Provinzialen ausgehalten, zu erledigen. Nach Cicero, *ad Atticum* 15,11,4, scheint eine *lex Iulia* ihre Dauer begrenzt zu haben. Über Ciceros Vorgehen ist sonst nichts bekannt.

19. Nach den Zwölf Tafeln, die ein Gesetz des Romulus aufgenommen haben sollen, konnte ein *monstrosus partus* getötet werden. Der Vergleich des Tribunates mit Geburt und Entwicklung eines *puer* ist eine Parallele zu Vergils Vergleich der entstehenden goldenen Zeit mit Geburt und Heranwachsen eines *puer* in der vierten Ekloge.

20. C. Flaminius, Konsul 223, als Zensor 220 Erbauer der Via Flaminia, hatte als Volkstribun 232 ein Gesetz eingebracht, nach dem der *ager Picenus* und *ager Gallicus* unter das Volk aufgeteilt wurde, wodurch er sich der Nobilität verhaßt machte.
C. Curiatius, Volkstribun 138, ließ bei einem Streit um die Rekrutierung die Konsuln ins Gefängnis werfen.
Mit Tiberius Gracchus (gest. 133) und Gaius Gracchus (gest. 121) wurde das Volk nicht ohne Einfluß stoischer Gedanken (Blossius) seiner demokratischen Macht bewußt gemacht. Ihre Agrarpolitik wurde fortgesetzt von Saturninus, Volkstribun 103 und 100, und P. Sulpicius Rufus, Volkstribun 88. Diese Reformpolitik, ein bedeutendes Kapitel der römischen Geschichte, kann hier nicht einmal angerührt werden. Ein sehr ausgewogenes Urteil über die Gracchen bei Sallust, *Bellum Iugurthinum* 41; 42 (vgl. Büchner, *Studien zur römischen Literatur* I, 170 ff.).

21. Gemeint ist Clodius; vgl. 2,36.

22. Pompeius hat in seinem Konsulat, das er mit Crassus führte, im Jahre 70 die Rechte des Tribunates wiederhergestellt.

24. Tiberius Gracchus ließ dem gegen sein Gesetz interzedierenden Tribunen M. Octavius die tribunizische Amtsgewalt illegal aberkennen.

26. Popillius Laenas, Konsul 132, wurde im Jahre 123 von C. Gracchus verbannt.

Metellus, Konsul 109, weigerte sich als einziger Senator, im Jahre 100 auf das Ackergesetz des Saturninus zu schwören, und mußte in die Verbannung gehen. Nach Sallust wurde ihm im Jugurthinischen Krieg durch Marius der nahe Sieg entrissen.

Die großen griechischen Verbannten – Themistokles, Miltiades, Aristides – werden *pro Sestio* 141; 142 genannt. Vgl. auch die ähnliche Reihe *de re publica* 157.

27. Die Nobilität hatte sich mit den Auguren ähnlich wie das Volk ein Vetorecht geschaffen, und Cicero macht daraus kein Hehl.

28. Nach dem Recht mußten die Senatsbeschlüsse durch das Volk bestätigt werden. Man muß also die Stärkung des Senates besonders hervorheben, die ihrerseits mit Ciceros Erziehungsidee und Erneuerung der Sitte zusammenhängt. Auf eine Darlegung dieser Art scheint Cicero vorzudeuten (die Ordnung der platonischen Gesetze ist übrigens nicht Vorbild).

30. Lucius Licinius Lucullus, Konsul 74, als Prokonsul erfolgreich gegen Mithridates, zog sich 59 nach dem ersten Triumvirat (60) ins Privatleben zurück. Sein Luxus ist sprichwörtlich.

32. Der Gegensatz zwischen der ciceronischen und platonischen Ansicht zeigt sich im Unterschied von kosmischem und menschlichem, individuellem und gemeinschaftsbetontem Denken.

35. *lex Gabinia* 139, *lex Cassia* 137, *lex Papiria* 131.

36. C. Coelius Caldus, Konsul 94, klagte als Volkstribun 106 C. Popillius wegen des Vertrages an, den er nach der Niederlage des Cassius mit den Tigurinern geschlossen hatte. Um diese Klage *de perduellione* durchzubringen, erreichte er eine *lex tabellaria* für Hochverratsprozesse.

M. Gratidius, Schwager des Großvaters von Cicero. Sein Sohn war im Jahre 87 als Volkstribun Anhänger des Konsuls Cinna. Als Prätor machte er sich durch eine recht selbstherrliche Münzreform beim Volke beliebt. Diese Bewegung in Rom verhält sich zu der in Arpinum wie das Ägäische Meer zur Schöpfkelle.

M. Aemilius Scaurus, Konsul 115, von 114 bis zu seinem Tode um 90 *princeps senatus*.

39. Auf den *pontes* – Stegen – ging man in einen *ovile* genannten Raum und gab beim Überschreiten der *pons* früher mündlich sein Votum dem dort aufgestellten Rogator, später legte man

die *tabella* in einen erhöht stehenden, geflochtenen Korb. Am *pons* standen zur Kontrolle *custodes*. Das suchte Marius 119 durch sein Gesetz zu verhindern.

40. Cato Uticensis (95–46) übte im Senat öfter Obstruktion durch Dauerreden (es gab keine Beschränkung der Redezeit).

42. L. Licinius Crassus (140–91), mit Antonius der berühmteste Redner seiner Epoche und Hauptperson in Ciceros Dialog *de oratore*.
C. Claudius Pulcher, Konsul 92; Cn. Papirius Carbo, Volkstribun 92. Über seine *seditio* als Volkstribun ist nichts weiter bekannt.

45. L. Aurelius Cotta, Konsul 65, 63 Helfer Ciceros gegen Catilina. Die berichtete Ansicht vertrat er in der Senatssitzung vom 1. 1. 57, als über Ciceros Rückberufung verhandelt wurde.

47. In Griechenland nannte man das Verfahren der Rechenschaftsablegung εὐθύνη. Cicero erweitert hier die Befugnisse des Zensors.

49. M. Iunius Congus Gracchanus (um 145 bis um 54), Freund des jüngeren Gracchus (daher sein Beiname), bedeutender Antiquar und Historiker, verfaßte ein Werk *de potestatibus* in mindestens sieben Büchern.

NACHWORT

Ciceros Werk *de legibus* ist nur in Fragmenten auf uns gekommen. Aller Wahrscheinlichkeit – wir kommen später darauf zurück – war es auch fragmentarisch, als es aus dem Nachlaß veröffentlicht wurde. In unserer Zeit, die sich des Fragmentarischen aller Erkenntnis so weit bewußt ist, daß Kleinformen vom Aperçu bis zur Skizze und dem Essay die gemäßen Ausdrucksformen zu sein scheinen, sollte das kein ernstes Hindernis für die Lektüre sein.

Abgesehen von einer Reihe köstlicher Anekdoten wie der vom römischen Beamten Gellius, der die Meinungsverschiedenheiten der Philosophen schlichten will, vom Großvater Ciceros, der in seiner Kleinstadt Arpinum erbittert den Kampf gegen die geheime Abstimmung führt, einen Sturm im Wasserglas erregend, abgesehen von der Poesie der Proömien, die sich mit denen Platos vergleichen können, abgesehen von fein nuancierten und im Dialog mit dem Bruder Quintus und dem Freund Atticus ironisierten persönlichen Stellungnahmen etwa zum Totenkult oder zum Volkstribunat, fesselt Ciceros Werk aber vor allem durch zwei dem Fragmentarischen enthobene Gedankenbereiche: durch eine auf die Rechtlichkeit des Menschen gegründete Anthropologie und eine persönliche Gesetzeskodifikation.

Franz Wieacker hat mit Recht von einer Scheu der Römer vor einer Rechtskodifikation gesprochen. Von dem Zwölf-Tafel-Gesetz aus der Mitte des 5. Jahrhunderts v. Chr., das Cicero als Knabe noch in der Schule auswendig lernte, bis zu Justinians Kodifikation im 6. Jahrhundert n. Chr. sind es mehr als tausend Jahre, in denen sich das Recht hauptsächlich durch das Edikt des Prätors (später durch kaiserliche Erlasse) und Juristeninterpretation, weniger durch Volksgesetze fortentwickelt. Darum versteht man, daß es ein kühner Gedanke Ciceros war, die römische Rechtswelt in einer persönlichen Gesetzgebung zusammenzufassen, ihren inneren Zusammenhang aufzuweisen und sie in einzelnen Punkten nach einer ordnenden Rechtsidee abzuwandeln.

Der Gedanke kam ihm von Plato. Dieser hatte nach seiner *Politeia*, einer Prüfung der Ordnung der Seele in Analogie zu der des Staates, eine Gesetzgebung für wirkliche Staaten in den *Nomoi* entwickelt. Beide Werke unterscheiden sich wie Idee und Wirklichkeit, und Cicero wußte das. Auf der anderen Seite gehören Staatsentwurf und Rechtsordnung zusammen. Das ist es, was Cicero für entscheidend hält. Er hatte nach seiner Rückkehr aus der Verbannung, in die er vor den gefährlichen Machenschaften seines Todfeindes Clodius ausgewichen war, sehr bald merken müssen, daß die Macht im Staate an die Triumvirn Pompeius, Caesar und Crassus gekommen war. Diesen als Vorkämpfer des Senates und der Nobilität die Macht streitig zu machen und damit die Spannung zu erhöhen, statt Frieden zu vermitteln, lag nicht in seiner Macht, hatte die Nobilität auch nicht um ihn verdient, schien aber vor allem nicht dem Willen des Gemeinwesens zu entsprechen. Dazu wurde er von Caesar ernst genommen und umworben, so daß es ihm später im Rückblick so scheinen konnte, als habe er noch am Steuerruder des Staates gesessen. In dieser Lage hat der fünfzigjährige Konsular zur Feder gegriffen, um im Geistigen sich des Sinnes und der Ordnung des römischen Gemeinwesens bewußt zu werden und durch diese Schriftwerke die gesunden Kräfte zu stärken. Es entstehen die drei großen Werke seiner ersten philosophischen Epoche. In ihnen trägt sich der römische Gedanke, gestützt auf die griechische Philosophie, in eigener Form und mit eigenen Resultaten vor. Mit Recht betont auch in unserer Schrift Cicero, daß er ganz eigen sein wolle.

Das erste Werk, *de oratore*, 55 v. Chr. erschienen, hat die Gestalt des Redners als des *actor veritatis*, dessen, der die Wahrheit in der Situation verkörpert und vorträgt, zum Gegenstand. *De re publica*, Vom Gemeinwesen (54–51), ideisiert das römische Gemeinwesen, das heißt, stellt in der Entwicklung der Form der römischen res publica das Wesen der Gemeinschaft dar, die ihre Menschen und ihre Formen vom Prinzip der Gerechtigkeit her entwickelt, welche sich im Einverständnis in historischer Situation manifestiert. Da Cicero nicht einen Idealentwurf schafft, sondern das geglückte Gemeinwesen der Väter als die Verkörperung der Idee ansieht, ist nun das dritte Werk, eben unsere Schrift über die Rechtlichkeit, viel enger mit dem vorhergehenden verknüpft als das platonische Spätwerk. Plato konnte ihn ermuntern, ja legte ihm nahe, nach dem Grundsätzlichen die Rechtsordnung im einzelnen aufzuführen. Aber während sie bei diesem einer anderen Welt angehörten, eben der Wirklichkeit, mußte Ciceros Gesetzgebung notwendig die des besten Gemeinwesens, eben des römischen, werden. Darum die mehrfachen Feststellungen der Mitunterredner, daß Cicero ja im Grunde die römischen Gesetze verordne.

Im zweiten Buche kommt er nach einer Einstimmung und einer darauffolgenden Einführung, über die noch zu sprechen sein wird, sogleich zu einem Statut der Sakralgesetze. Er trägt sie in Anlehnung an die altertümliche Gesetzessprache vor, deren Wiedergabe sich freilich der Übersetzung entzieht. Sie sind von besonderer Bedeutung für den Religionswissenschaftler und die vergleichende Religionswissenschaft.

Cicero geht aus von der Haltung, mit der man sich den Göttern nahen soll, umschreibt dann den Kreis der in verschiedenen Formen und an verschiedenen heiligen Stätten zu verehrenden Götter – sein Himmel besteht aus den Göttern, den Wohltätern der Menschen und den vergöttlichten Tugenden, wobei er bei der Interpretation Kritik an der Konsekrierung negativer Wesenheiten übt –, um zum Geist der ihnen heiligen Festtage und der für die Götter bereiten Opfer zu kommen. Ein zweiter Abschnitt formuliert die Gesetze über die Priester und ihre Funktionen, wobei die Bedeutung der Auguren besonders hervortritt. Mit dem Verbot nächtlicher Opferfeiern der Frauen beginnen in einem letzten Abschnitt Vorschriften über Riten, Strafen, Gelübde, Privatverpflichtungen und die Rechte der Toten.

Cicero hat römische Tradition geordnet, akzentuiert in Hinsicht auf Verinnerlichung und formuliert aus dem Geist der Vernunft. Das wird unterstrichen durch die folgende Erläuterung der gegebenen Gesetze. Aus ihr heben sich drei Abschnitte besonders hervor, der über die Auguren, das Verhältnis von Pontifikalrecht und dem Recht des Gemeinwesens, dem *ius civile*, auf der einen Seite, auf der andern das, was über das Recht der Toten und die Begräbnissitten gesagt wird. Unter den Auguren selbst ging der Streit, ob ihre Voraussagekunst politischen Charakters sei oder ob in ihr wahre Weissagungskraft, *divinatio*, wirke. Cicero wird der *divinatio* später einen eigenen Dialog widmen. Er möchte zwar annehmen, daß in der Gegenwart die eigentliche Kunst verlorengegangen sei, betont aber um so mehr die entscheidende Funktion des Kollegiums, in dem die angesehensten führenden Männer saßen – er selbst war nach dem Tode des Crassus kooptiert worden –, als eines Regulativs der Politik. Von der Verantwortung für den Staat und sein Recht, aber auch für die Reinhaltung des Pontifikalrechts getragen ist die Erörterung über ihre Grenzen. Plinval hat richtig gesehen, daß in Ciceros Ablehnung ihrer Verquickung sich der Geist der Zeit spiegelt. Für Cicero besitzt der Bereich des *ius civile* eine eigene Würde, die er noch festigt, wenn er das positive römische Recht auf die Vernunft, die ›Natur‹, zurückführt, hinter ihm also das Walten der Gerechtigkeit spürt. Wenn die Pontifices, deren Bestimmungen fast alle rechtserheblichen Handlungen des Lebens kontrolliert hatten, ihre Macht dadurch über das Emanzipierte weiter erstrecken wollten, daß sie erklärten, der Pontifex müsse auch das *ius civile* kennen, und selbst Handhaben boten, wie man sich etwa in der Frage der religiösen Verpflichtungen vor diesen hüten könne, zeigt Cicero den Widerspruch. Das religiöse Recht will offenbar kraft der Autorität seiner priesterlichen Vertreter, daß diese Verpflichtungen nicht erlöschen, sondern mit dem Geld, dem Erbe, weiter verbunden bleiben. Hält man diesen Grundsatz fest, braucht man keine Finessen des positiven Rechts, des *ius civile*, sondern erfüllt die eigentlich religiöse Intention besser ohne sie. Mit virtuoser Beherrschung der Rechtsmaterie führt das Cicero an dem Beispiel des Erbrechts vor.

Zeigt sich in beidem ein gewisses Aufklärertum einer Übergangsepoche, so spiegelt sich in den Vorschriften über Tod und Begräbnis, die Cicero mit gleicher Kennerschaft zusammenfaßt, der urtümliche Zustand stärker wider. Selbst bei dem zeitgenössischen Dichter Lukrez sehen wir, wie das Schicksal der Seelen nach dem Tode, das Los der Manen, etwas ist, das im römischen Denken eine große Rolle spielt, wogegen man sich besonders wenden oder das man durch vernünftige Gesetze vor Auswüchsen bewahren muß.

Das Sakralrecht hat den vornehmsten Platz erhalten. Cicero selbst mag als Aufklärer manches davon mehr wegen der Nützlichkeit, als weil er selber daran glaubte, verordnet haben. Das bedeutet aber nicht, daß er nicht aus vollster Überzeugung dem Heiligen seinen höchsten Tribut gezollt hätte. Daß es Götter gibt, daß die Seele der Ewigkeit verbunden ist, daß göttliche Numina die Geschichte der Menschen lenken, sind Grundmotive seiner geistigen Welt. Und eben dies letztere hatte er bei seiner triumphalen Rückkehr aus der Verbannung am eigenen Leibe zu spüren geglaubt. Man merkt dem Bericht davon den Glauben an die Fügung an, und so ist das Buch von einem religiösen Geiste erfüllt, der gegenüber dem Formalismus der römischen *religio* verinnerlicht ist.

Das dritte Buch ist parallel dem zweiten aufgebaut. Es behandelt die Organisation der Macht, ist also für den Staatsrechtler von besonderer Wichtigkeit als eine Darstellung der römischen *res publica* in Gesetzesform in einem bestimmten Stadium und in einer auch vor – ausdrücklich begründeten – Änderungen nicht zurückschreckenden Interpretation.

Wie im zweiten Buch unmittelbar vor dem Gesetzestext

Nützlichkeit und Wahrheit des Glaubens an Götter gepriesen wurden, die sich um die Menschen kümmern und ihr Tun beobachten, so wird im dritten vor der Formulierung der Bestimmungen die Notwendigkeit eines beherrschenden Prinzips (der Herrschgewalt) hervorgehoben, ohne das kein Bereich in dieser Welt auskommt. Es ist im Staat durch den *magistratus* vertreten. Die Ordnung der Ämter gibt Aufschluß über den Geist des Staates, und in einem freien Staate ist dabei auf einen gerechten Ausgleich von Befehlen und Gehorchen zu achten.

Die Gesetzgebung umschreibt zunächst allgemein Pflicht und Befugnis des Magistrats und baut dann ihre Ordnung von den niederen bis zu den höheren auf, wobei der Zensor ein besonderes Gewicht erhält. Es wäre aber kaum zutreffend, wenn man in diesen Gesetzen eine einplanige Gliederung – Gesetz über die politische Organisation, untere Magistrate, obere Magistrate, Magistrate und Senat, Magistrate und Volk, Pflichten der Magistrate – erkennen wollte. Beim Ädil wird sein Amtsbereich und die Funktion hervorgehoben, die erste Stufe zu den höheren Ehren zu sein, beim Zensor die Ordnung der Gemeinschaft nach allen Seiten als Aufgabenbereich bezeichnet, die unterschiedliche Amtsdauer im Vergleich zu den anderen Amtsgewalten hinzugefügt und die dauernde Notwendigkeit des Amtes unterstrichen. Beim Prätor ist die Aufgabe – die Rechtsordnung – thematisch geworden. Und wenn auch bei den Konsuln die Leistung allgemein gefaßt, das Problem der Wiederwahl gerade bei ihnen behandelt wird, obwohl das Gesetz für alle gilt, so zeigt ihre Charakteristik ebenso wie die Behandlung der Diktatur und des anschließenden Interregnums, daß das dramatische Staatsgeschehen bis zur Krise der leitende Gesichtspunkt der Anordnung ist. Über die Möglichkeiten auswärtiger Aktionen und das Verbot, in eigener Sache auf Urlaub zu gehen, läuft die Reihe der Gesetze erst nach Behandlung der Volkstribunen zum Senat und seinen Pflichten. Gesetze über Abstimmung, Sonderaufgaben, das Recht, mit dem

Volke zu verhandeln, Pflichten des Senates und der Volksvertreter, der Initiatoren von Anträgen, Privilegien, Annahme von Geschenken, Gesetzesaufsicht der Zensoren schließen sich an. Wie Wieacker bei den Zwölf-Tafel-Gesetzen zeigen konnte, daß die Gesetze für die Konfliktstellen des Gemeinwesens gegeben wurden, so scheinen auch hier die Formulierungen und die Ordnung der Vorschriften auf den Konfliktstellen und neuralgischen Punkten des Funktionierens des Apparates bei Senat und Volk zu beruhen.

Leben gewinnt das in Sprache und Anordnung archaisch gehaltene Statut durch die erläuternde Interpretation. Der Geist dieser Verfassung zeigt sich in der Betonung der Rolle des Senates und des Zensors. Nur weil man früher an eine monarchische Tendenz des Werkes *de re publica* glaubte, konnte man eine Differenz zwischen beiden Werken konstatieren. In Wahrheit stimmen sie zusammen. Die Stärkung des Senats wird freilich von einer sittlichen Erneuerung abhängig gemacht, die außer des Zensors – dieses urrömische Amt wird in Ciceros Entwurf in seiner Macht sogar erweitert – auch einer besonderen Staatserziehung bedarf.

Am leidenschaftlichsten entzündet sich aber die Diskussion unter den Partnern bei der Frage der geheimen Abstimmung und des Volkstribunates. Quintus, ausgesprochener Optimat, lehnt, unterstützt von Atticus, beide Institutionen schlankweg ab.

Für Cicero ist das Entscheidende, daß das Volk genügend Freiheit hat, daß es aber zu einer vernünftigen Willensbildung kommt und daß die Politik menschlich bleibt, nicht mechanisiert wird. Der Verantwortung, der Weisheit und der auf Erfahrung und Verdienste gegründeten Autorität soll genügend Spielraum bleiben. Und irgendwie ist ihm nur das Öffentliche des Mannes würdig. Geheime Wahl ist ihm nicht Garantie für Nichtbeeinflussung, sondern Heimlichkeit. Nicht umsonst gebraucht er das Wort *clam.* So kommt es in der Frage der ›Abstimmungstäfelchen‹ zu einer rührend persönlichen, utopischen und nur aus dem unerschütterlichen Glauben an die Güte der Menschen verständlichen Lösung. Die Täfelchen will er im Gegensatz zu Atticus und Quintus auf allen Gebieten belassen, die Abstimmung soll frei sein, aber die eigentliche Freiheit soll unter Außerkraftsetzung aller Gesetze, die zur Sicherung der Geheimhaltung erlassen worden waren, darin bestehen, daß die Abstimmenden ihre Täfelchen den ›Besten‹ zeigen und ihnen damit ihre Dankbarkeit für ihre Aufopferung im Dienste der Allgemeinheit erweisen.

In der Frage des Tribunates teilt er nicht die Kritik der Mitunterredner an Pompeius, der im Jahre 70 v. Chr. den Volkstribunen ihre Rechte zu Initiativen, die Sulla weitgehend beschnitten hatte, wiederhergestellt hatte. Der Tribun ist historisch so fest verankert, daß man ihn jedenfalls dem römischen Volk nicht mehr vorenthalten kann. Cicero weiß das Gute daran zu sehen und empfiehlt deshalb diese Einrichtung allen Völkern, für die seine Gesetzgebung ja Geltung haben soll. Auch hier spielt der Glaube an den Menschen eine entscheidende Rolle. In einem Gremium von zehn Männern wird am Ende doch die Vernunft siegen, und es ist besser, daß der Tribun mit persönlichem Risiko und auf eigene Verantwortung die Belange des Volkes wahrnimmt, als daß das Volk blind und rücksichtslos in unberechenbarem Ausbruch unkontrollierte Forderungen erzwingt.

Der Philologe wird es dem Religionshistoriker und dem Staatstheoretiker überlassen, die historische Bedeutung für die Geschichte der Disziplinen herauszuarbeiten und – auf Grund ihrer Ergebnisse – versuchen, das Gemeinte in einem möglichst sicheren Text zu erfassen. Das ist bei dem Erhaltungszustand des Werkes eine schwierige Aufgabe.

Freilich ist hier der Philologe als Interpret einer Gedankenwelt vielleicht sogar mehr noch als der Philosoph – beides läßt sich schlechthin nicht trennen – zuständig. Das erste Buch ist dasjenige, das ein besonderes menschliches Interesse hat. Es ist die ausgeführteste, selbständigste und kühnste Äußerung über das Wesen des Menschen, nämlich seine Rechtsnatur. Von der Rechtlichkeit des Menschen als dem nach Cicero wesentlichsten Zug des Menschseins leitet sich der Titel dieser Übersetzung her.

Das erste Buch hat keine persönliche Vorrede. Eine Sinngebung der Dialogsituation, wie sie die vorhergehenden Werke *de oratore* und *de re publica* haben, wurde wohl als unnötig empfunden, was zeigt, daß Cicero sich nicht sklavisch an die Gattung des aristotelischen Dialogs bindet, vielmehr wird dramatisch zu dem Thema hingeführt: Cicero will die Gelegenheit kurzer Muße dazu benützen, etwas Wesentliches über das Recht darzulegen.

Das Proömium ist wie das des zweiten Buches – beide in ihrer besonderen Schönheit übrigens von Max Pohlenz behandelt – ohne Kommentar zugänglich. Dasselbe gilt von den Visionen über den Menschen, die sonst nicht in dieser Form belegt sind: Mensch und Gott sind Angehörige desselben Staates, Mitbürger, Visionen von pascalscher Tiefe.

Schwierig und teilweise noch nicht verstanden ist der Gang der Gedanken, der beweisen soll, daß Recht und Gerechtigkeit im Wesen des Menschen begründet sind.

Cicero war von zwei Voraussetzungen ausgegangen. Einmal, nicht ohne Ironie, läßt er sich von dem Epikureer Atticus zugestehen, daß die Welt von den Göttern gelenkt werde – *deorum inmortalium vi natura ratione potestate mente numine, sive quod est aliud verbum, quo planius significem, quod volo* –, das andere ist die Überzeugung, daß der Mensch – *animal hoc providum sagax multiplex acutum memor plenum rationis et consilii, quem vocamus hominem* – kraft seiner ebenso umfassend umschriebenen geistigen Fähigkeit eine Sonderstellung vor allen übrigen Lebewesen hat.

Die weiteren Gedankenschritte lassen sich aus der Zusammenfassung des Atticus (1,35) bestätigen und, wo verloren, ergänzen. Gott hat dem Menschen die Vernunft gegeben und ihn mit solchen Anlagen bedacht, daß der Mensch selbst als ein Ausgangspunkt die Natur vollendet, das heißt den göttlichen Auftrag hat, die vernünftigen Anlagen zur Vollendung zu führen (1,24–27). Um zu erkennen, daß der Mensch nicht zur Selbstdurchsetzung, sondern zur Gerechtigkeit geboren ist, geht Cicero von der Gleichheit der Menschen aus. Wenn nicht Gewohnheit und Meinung zu Verschiedenheiten geführt hätten, wäre sie auch faktisch da. Jedenfalls ist die *ratio – qua una praestamus beluis, per quam coniectura valemus, argumentamur, refellimus, disserimus, conficimus aliquid, concludimus*: wieder haben wir die charakteristische Häufung von Begriffen, die eine Wirklichkeit nicht so sehr in philosophischer Abgrenzung, sondern in ihrer Fülle und ihrem Gewicht erfassen will – allen gemeinsam, und wenn sich der Mensch in der Gelehrtheit unterscheidet, so ist er jedenfalls in der Fähigkeit zu lernen gleich. Es gibt keinen Menschen, das ist der Schluß, in irgendeinem Volk, der nicht, wenn er einen Führer erlangt, zur Vollendung der Vernunft, der *virtus*, gelangen könnte (1,28–30). An der Gleichheit in den Verkehrtheiten, bei denen es sich zeigt, daß Scheinwerte verlocken, Leidenschaften nicht beherrscht werden, falsche Gottesvorstellungen zu Aberglauben führen, bei denen aber zugleich in Haß und Liebe ihnen gegenüber ein ursprüngliches rechtes Empfinden zu spüren ist, läßt sich erkennen, wer der erwähnte Führer ist. Es ist die Weisheit, die Philosophie, da die rechte Lebenslehre besser macht (1,31;32).

Die Abschnitte drei und vier in der Zusammenfassung des Atticus sind großenteils verloren, nämlich die Darlegung, daß die Menschen in natürlicher Zuneigung verbunden sind und durch eine Rechtsgemeinschaft zusammengehalten werden. Aber es ist deutlich, was angesteuert wird: nur die Teilnahme kann auch zum eigenen Glück führen – die Freundschaft zeigt, daß es möglich ist, daß aus vielen einer wird –, und die Rechtsgemeinschaft ergibt sich daraus, daß die Gesetze, wie im Preis der Philosophie am Schluß gesagt wird, sich als Verbesserer der Mängel und Empfehler der Tugenden von der Bedürftigkeit nach einer Lebenslehre herleiten.

Die Paragraphen 33 und 35 sind skizzenhaft, wie es scheint, und zwischen 33 und 34 ist eine Lücke, die man (s. Anm.), da sie zwischen Satzende und Satzanfang fällt, kaum dem Zufall, sondern eher dem unfertigen Zustand des Werkes zuschreiben wird. Die drei Wörter *de amicitia locus* wird man kaum, wie frühere Interpreten, für eine Interpolation, sondern für eine Notiz Ciceros halten. Dennoch – trotz des schlechten Erhaltungszustandes – läßt sich die Größe und Richtung der Konzeption erkennen: der Mensch, begnadet durch das Göttergeschenk der Vernunft, der Depravierung ausgesetzt, bedarf der Führung, um zu seinem Glück und seiner Wesenserfüllung zu kommen, nämlich durch die Lehre, wie man richtig lebt. Er ist auf Erziehung, Wohlwollen, Gemeinschaft und Recht angewiesen, um das ihm Mögliche zu erreichen. Gesetz und Recht, von dieser Lehre des richtigen Lebens herzuleiten, gehören so zu seinem Wesen.

Die Paragraphen 36 bis 52 ergänzen die Anthropologie durch eine philosophische Diskussion über den Satz, daß das Recht von Natur, nicht bloße Meinung sei. Es ist eine Methode des Philosophierens, wie sie jetzt in den philosophischen ›Werkstätten‹ üblich ist, deren sich Cicero bedient, während er vorher offenbar selbständiger vorgegangen ist. Den Satz hofft er allen Schulen plausibel machen zu können, denen Sittlichkeit etwas um ihrer selbst willen zu Erstrebendes ist – der alten Akademie, Speusipp, Xenokrates, Polemon, Aristoteles und Theophrast samt ihren Nachfolgern, Zeno, Ariston –, die Hedoniker sollen sich mit ihren egoistischen Anschauungen dagegen in die Stille zurückziehen, während er die skeptische Akademie nicht ganz eliminieren möchte, aber doch vorgibt, ihre Kritik zu scheuen.

Hier wird von allen Seiten mit Begriff, Wirklichkeit, Rechtsempfinden argumentiert. Das Gewissen zeigt an, daß man eine Rechtsverletzung als gegen das Wesen empfindet, selbst die Verbrecher erkennen diese Wirklichkeit an, wenn sie sie manipulieren, wieviel mehr erst der Gute. Ethische

Begriffe gäbe es gar nicht, wenn man etwa nur aus Furcht vor Strafe das Rechte täte. Staaten und Tyrannen können das Recht zwar ändern, aber ohne daß es wirklich Recht wird, ebensowenig wie man Qualitäten und Güte anderer Wesen oder das Glück des Menschen nach fremden Maßstäben messen kann. Und dieses Recht, überhaupt alle Sittlichkeit ist um ihrer selbst willen zu erstreben, das heißt also nicht um persönlicher Zwecke willen, und beweist so eigene Existenz. Sonst wären alle Tugenden nur Vorwände.

Man erkennt, die Frage nach der Gerechtigkeit als einem natürlichen Wesenszug des Menschen ist schließlich die Frage der Philosophen nach dem Ziel des Menschen. Hier möchte Cicero gern die gläubigen Ansichten, auf Sokrates zurückgehend, zusammenfassen (1,52).

Auch der zweite Gang des Gedankens weist auf die Philosophie. So ist sinnvolle Krönung des Buches ein Preis der *sapientia* nach Ethik, Physik, Dialektik. In ihr lernt der Mensch sich und seine Möglichkeiten kennen, wie in Umdeutung des delphischen Spruches gesagt wird. Er wird das Irdische geringschätzen, das zu Unrecht verführt, und wird in der Vollendung seines Wesens sein Glück finden. Dazu wird ihm der Redner helfen, der im Dienst der Philosophie für ihre Lehren als *actor veritatis* immer wieder eintritt.

Eine Lehre vom Naturrecht enthält das erste Buch. Sie leitet sich ab von der Geistnatur des Menschen und faßt sie in ihrer ganzen Dynamik, indem sie Wissenschaft, Redekunst, Politik einbezieht. Sie ist unwiderleglich gegründet, wofern der Geschmack an der Vollendung eigenster menschlicher Möglichkeiten, der *sensus humanitatis*, nicht verlorengegangen ist.

Woher stammen diese Gedanken? Man hatte sie auf Plato zurückgeführt, aber schon Turnebus hatte erkannt, daß die Stoa eine große Rolle spielt. Freilich hat die Stoa mit ihrem Materialismus, nach dem das gleiche geistige Feuer den Kosmos wie die Einzelseele erfüllt, es leichter, vom Weltgesetz, dem Nomos, der Kausalität, die Vorsehung und Zeus zugleich ist, ein ›Naturrecht‹ zu konstituieren. Cicero verzichtet auf dieses Dogma wie auf andere. Er ficht eine *causa* durch und sammelt und belegt das Vernünftige und Plausible. Soll man, da die alten Stoiker offenbar anders vorgingen, an Panaitios denken? Oder an Antiochus? Oder an Poseidonios? An alle hat man gedacht, ohne freilich Übereinstimmung zu erzielen. Und mit Recht bemerken Schmidt und Ziegler, daß man Cicero eigene philosophische Fähigkeiten und die gleiche denkerische Kraft zutrauen müsse wie den oben Genannten.

Sicher ist die Hauptsache, daß die Gedanken ganz angeeignet, Ciceros Eigentum sind, ihre verschiedene Herkunft ist erst in zweiter Linie wichtig. Doch weist die oben aufgezeigte Linie von der göttlichen Gabe bis zur Erziehung, Lebenslehre und dem Gesetz auf ciceronisches Denken. Er benützt Lehrstücke der Philosophen, um seinerseits seinen Schluß zu ziehen, und diese verschiedenen Schlüsse bilden eine Klimax bis zu dem römischen Gedanken der Rechtsgemeinschaft, wobei die Gesetze Erziehungshilfen sind. Der Geschmack am Menschlichen, an Erziehung und dem ascendant scheint mir ciceronisch zu sein, und das hat zu einer Form des »Naturrechts« geführt, die man gegenüber anderen versubstanzialisierten Ausprägungen auch heute noch zu wenig bedenkt.

Im zweiten Buch wird ein zweites Mal von dieser *lex*, und zwar diesmal ihrer *vis*, also der Bedeutung und Wirkung des ewigen Gesetzes, gesprochen. Das führt zu der Frage der Entstehung des Werkes.

Es kann kein Zweifel mehr bestehen, daß Cicero – erste Spuren führen ins Jahr 52 v. Chr., im Mai 51 v. Chr. ist er aufgebrochen, um die Provinz Kilikien zu übernehmen – den größten Teil des Werkes neben *de re publica* geschrieben hat. Die Theorie des Amerikaners Robinson, der das Werk in das letzte Lebensjahr Ciceros setzte, darf als erledigt gelten (Schmidt, Ziegler). Freilich deuten Stellen seiner Werke (*de div.* 2,1; *ad fam.* 9,2,5 vom April 46, *Brutus* 16 vom Frühjahr 46) darauf hin, daß er nach dem Bürgerkrieg und seiner Begnadigung dem Gemeinwesen dadurch zu Hilfe zu kommen gedachte, daß er in Schriften die Politik darstellen und über Gesetze und Gesittung nachdenken wollte. Es ist denkbar, daß er die Arbeit an diesem jedenfalls noch nicht veröffentlichten Werk wieder aufgenommen hat, wenn etwa das dritte Buch auch wohl stark den ganz veränderten Verhältnissen hätte angepaßt werden müssen. Lassen sich Änderungen nachweisen?

Hier ist auf das erste Buch, das gerade in einer Zeit gefährdeter Legalität das heilende Wort sprechen konnte, aufmerksam zu machen. Weder in *de oratore* noch in *de re publica*, in denen er als römischer Konsular spricht und philosophisches Wissen eher verbirgt – sieht man von Plato ab, gegenüber dem er aber doch seine Selbständigkeit wahrt –, noch in den anderen Büchern von *de legibus* hat Cicero so fachmännisch philosophiert. Das erinnert an die zweite Periode seiner Philosophie. Dazu kommt, daß nach dem ersten Buch eine erneute Darlegung über das Weltgesetz überflüssig war, was er sich im Gespräch auch noch bestätigen läßt. Nicht nur das. Cicero rekapituliert das erste Buch, um eine neue Deutung, ausgehend von der Intention wirklicher Gesetze, vorzutragen, eine platonische Konzeption, die hinter der erreichten stoischen Position zurückbleibt. Daß er dabei wie im ersten Buch ein zweites Mal den Begriff etymologisch erklärt, daß er fingiert, daß man den ganzen Tag noch vor sich hat, daß er mit dem Aratwort *a Iove principium* wie zu etwas Neuem einsetzt, alles das läßt den Gedanken nicht zur Ruhe kommen, den Reitzenstein besonders vertreten hatte. Es liegt nahe, anzunehmen, daß auf die Einleitung des ersten Buches die Ausführungen über den Sinn des Gesetzes *(vis legis)* im zweiten folgte, Cicero aber im Jahre 46 das Werk um das theoretische Buch, ›um die Staaten zu heilen‹, erweiterte und diese Gedanken dann mit einem weiteren Proömium und einigen Retuschen und Rekapitulationen an das nunmehrige zweite Buch anpaßte.

Man glaubt, in dem so gar nicht gewohnten zähflüssigen Einsetzen des Themas im ersten und den Rekapitulationen des zweiten Buches noch die feinen Risse der retractatio zu erkennen.

Jedenfalls ist das Werk vor dem Überblick über die eigenen Schriften im Proömium des zweiten Buches von *de divinatione* entstanden. Da es dort neben *de re publica* hätte erwähnt werden müssen, ist es nicht veröffentlicht gewesen (44 v. Chr.). Da in der Folge aber keine Zeit für solche Dinge war – Cicero trat gegen Antonius in die politischen Kämpfe ein –, ist es höchstwahrscheinlich aus dem Nachlaß herausgegeben worden. Cicero hat es nicht veröffentlicht, weil es nicht vollendet schien. Im ersten Buch läßt sich vielleicht eine Lücke erkennen, die Cicero gelassen hatte. Im Werk werden Andeutungen gemacht, daß über Erziehung und die Rechte der Magistrate gesprochen werden sollte. Das Altertum hatte mehr als wir. Im fünften Buche hat die Sonne des langen Sommertages eben die Mittagslinie überschritten. Ziegler berechnet darum den geplanten Umfang auf acht Bücher wie in Platos Gesetzen; glaubt man, daß das erste Buch hinzugefügt und die szenische Bemerkung im fünften Buche nicht geändert wurde, könnten es wie in *de re publica* sechs gewesen sein, wie Plinval glaubt.

Der Torso, mag er im Altertum, weil in der Kaiserzeit nicht mehr aktuell, wenig gewirkt haben, ist unschätzbar. Aus dem Geist der Freiheit, Gleichheit und Brüderlichkeit *(libertas, aequitas, mutua benevolentia)* und der *recta ratio*, die stets mit Verzicht, nämlich auf Selbstdurchsetzung, notwendig verbunden ist, wird eine Grundlegung des Naturrechts gegeben, die immer renaissancefähig bleiben wird, wo der Sinn für Geist lebendig ist. Nicht auf an sich fragwürdige Systematik kommt es an, sondern auf die in jedem Satz gemeinte Wirklichkeit.

BIBLIOGRAPHISCHE HINWEISE

Die Übersetzung folgt einem eigenen Text, der in der Cicero-Gesamtausgabe des Centro Ciceroniano, Rom, erscheinen soll. Sie verdankt besonders viel der Ausgabe von Konrat Ziegler, Heidelberg ²1963. Wegen seiner Einleitung ist heranzuziehen die Ausgabe von Georges de Plinval, Paris 1959. Unentbehrlich für den Forscher bleibt die zweite Auflage der ersten wirklich textkritischen Ausgabe von Johannes Vahlen, Berlin ²1883.

Richard Reitzenstein, *Drei Vermutungen zur Geschichte der römischen Litteratur*, Marburg 1893.

Richard Harder, *Zu Ciceros Rechtsphilosophie (de leg. I)*, Atti del congresso intern. de diritto Romano, Roma, vol. I, Rom 1934, 169–176.

Max Pohlenz, *Der Eingang von Ciceros Gesetzen*, in: Philologus 93 (1938) 102–127.

Max Pohlenz, *Die Stoa I*, Göttingen 1949, 243, 268 ff.

Peter Leberecht Schmidt, *Interpretatorische und chronologische Grundfragen zu Ciceros Werk ›de legibus‹*, Diss. Freiburg 1959.

Franz Wieacker, *Vom römischen Recht*, Stuttgart ²1961.

Karl Büchner, *Studien zur römischen Literatur II, Cicero*, Wiesbaden 1962.

Karl Büchner, *Cicero, Bestand und Wandel seiner geistigen Welt*, Heidelberg 1964, 233, 499.

Markus Lakebrink, *Montesquieus Cicero-Rezeption*, (Diss. Freiburg 1966) Würzburg 1967.

Ulrich Knoche, *Ciceros Verbindung der Lehre vom Naturrecht mit dem römischen Recht und Gesetz*, in: Cicero, ein Mensch seiner Zeit, hrsg. von G. Radke, Berlin 1968, S. 38 ff.

Römische Literatur

IN RECLAMS UNIVERSAL-BIBLIOTHEK

Augustin, *Bekenntnisse.* (W. Thimme) 2791 [6]

Augustus, *Res gestae / Tatenbericht.* Lat./griech./dt. (M. Giebel) 9773 [2]

Boethius, *Trost der Philosophie.* (K. Büchner / F. Klingner) 3154 [2]

Caesar, *Der Bürgerkrieg.* (M. Deißmann-Merten) 1090 [3] – *Der Gallische Krieg.* (C. Woyte / K. Büchner) 1012 [3]

Catull, *Gedichte.* (R. Helm) 6638 [2]

Cicero, *Cato der Ältere über das Greisenalter.* (E. v. Reusner) 803 – *De officiis / Vom pflichtgemäßen Handeln.* Lat./dt. (H. Gunermann) 1889 [5] – *De oratore / Über den Redner.* Lat./dt. (H. Merklin) 6884 [8] – *Drei Reden vor Caesar. Für Marcellus. Für Ligarius. Für den König Deiotarus.* (M. Giebel) 7907 – *Fragmente über die Rechtlichkeit (De legibus).* (K. Büchner) 8319 [2] – *Gespräche in Tusculum.* (O. Gigon) 5027 [5] – *Laelius. Über die Freundschaft.* (R. Feger) 868 – *Rede für Sextus Roscius aus Ameria.* Lat./dt. (G. Krüger) 1148 [2] – *Rede für T. Annius Milo.* Lat./dt. (M. Giebel) 1170 [2] – *Rede über den Oberbefehl des Cn. Pompeius. Rede für Archias.* (O. Schönberger) 8554 – *Über den Staat.* (W. Sontheimer) 7479 [2] – *Vier Reden gegen Catilina.* (D. Klose / K. Büchner) 1236 – *Vier Reden gegen Catilina.* Lat./dt. (D. Klose / K. Büchner) 9399 [2]

Horaz, *Ars poetica / Die Dichtkunst.* Lat./dt. (E. Schäfer) 9421 – *Gedichte und Lieder.* (W. Plankl) 7708 – *Sermones / Satiren.* Lat./dt. (K. Büchner) 431 [3]

Juvenal, *Satiren.* (H. C. Schnur) 8598 [2]

Livius, *Römische Geschichte. Der Zweite Punische Krieg.* (W. Sontheimer) I. Teil. 21.–22. Buch. 2109 [2] – II. Teil. 23.–25. Buch. 2111 [2] – III. Teil. 26.–30. Buch. 2113 [3]

Lukrez, *De rerum natura / Die Welt aus Atomen.* Lat./dt. (K. Büchner) 4257 [8]

Marc Aurel, *Selbstbetrachtungen.* (A. Wittstock) 1241 [2]

Martial, *Epigramme.* (H. C. Schnur) 1611 [3]

Cornelius Nepos, *Atticus.* Lat./dt. (R. Feger) 994

Ovid, *Metamorphosen.* Epos in 15 Büchern. (H. Breitenbach / L. P. Wilkinson) 356 [8] – *Verwandlungen.* Auswahl. (W. Plankl / K. Vretska) 7711

Petron, *Satyricon.* (H. C. Schnur) 8533 [3]

Phaedrus, *Liber Fabularum / Fabelbuch.* Lat./dt. (Fr. Rückert / O. Schönberger) 1144 [3]

Plautus, *Captivi (Die Kriegsgefangenen).* (A. Thierfelder) 7059 – *Epidikus (Jedesmal die Falsche).* (A. Thierfelder) 8583 – *Miles Gloriosus.* (A. Thierfelder) 2520 – *Poenulus (Der Onkel aus Afrika).* (A. Thierfelder) 8779

Plinius der Jüngere, *Briefe.* (M. Schuster) 7787

Quintilian, *Institutio oratoria X. / Lehrbuch der Redekunst. 10. Buch.* Lat./dt. (F. Loretto) 2956 [2]

Sallust, *Bellum Iugurthinum / Der Krieg mit Jugurtha.* Lat./dt. (K. Büchner) 948 [3] – *Historiae / Zeitgeschichte.* Lat./dt. (O. Leggewie) 9796 – *Die Verschwörung des Catilina.* (K. Büchner) 889 – *De coniuratione Catilinae / Die Verschwörung des Catilina.* Lat./dt. (K. Büchner) 9428 [2] – *Zwei politische Briefe an Caesar.* Lat./dt. (K. Büchner) 7436

Seneca, *De brevitate vitae / Von der Kürze des Lebens.* Lat./dt. (J. Feix) 1847 – *De clementia / Über die Güte.* Lat./dt. (K. Büchner) 8385 [2] – *Oedipus.* Lat./dt. (K. Heldmann) 9717 [2] – *Vom glückseligen Leben und andere Schriften.* Auswahl. (L. Rumpel / P. Jaerisch) 7790 [2]

Tacitus, *Agricola.* Lat./dt. (R. Feger) 836 [2] – *Annalen I–VI.* (W. Sontheimer) 2457 [4] – *Annalen XI–XVI.* (W. Sontheimer) 2642 [4] – *Dialog über die Redner.* (H. Gugel) 3728 – *Germania* (M. Fuhrmann) 726 – *Germania.* Lat./dt. (M. Fuhrmann) 9391 [2]

Terenz, *Adelphoe / Die Brüder.* Lat./dt. (H. Rädle) 9848 [2] – *Andria.* Lat./dt. (T. L. Wullen) 9345 [2] – *Der Eunuch.* (A. Thierfelder) 1868

Tibull, *Gedichte.* (F. W. Lenz) 1582

Vergil, *Aeneis.* (W. Plankl / K. Vretska) 221 [4] – *Hirtengedichte (Eklogen).* (H. C. Schnur) 637

Die Namen in Klammern geben die Übersetzer bzw. Herausgeber an.

Philipp Reclam jun. Stuttgart